A Selection of English Lyrical Poems

英汉双语版

英诗华章

汉译　注释　评析

傅
浩

编著

中央编译出版社
CCTP
Central Compilation & Translation Press

图书在版编目 (CIP) 数据

英诗华章：英汉对照 / 傅浩编著 . —北京：中央编译出版社，2015.6
ISBN 978-7-5117-2668-1

I . ①英… Ⅱ . ①傅… Ⅲ . ①英语－汉语－对照读物②抒情诗－诗集－英国
IV . ① H319.4：I

中国版本图书馆 CIP 数据核字 (2015) 第 112940 号

英诗华章（英汉双语版）

出 版 人：刘明清
出版统筹：董　巍
选题策划：韩慧强
责任编辑：霍星辰　郑菲菲
责任印制：尹　珺
出版发行：中央编译出版社
地　　址：北京西城区车公庄大街乙 5 号鸿儒大厦 B 座 (100044)
电　　话：(010) 52612345（总编室）　　(010) 52612363（编辑室）
　　　　　(010) 52612316（发行部）　　(010) 52612317（网络销售）
　　　　　(010) 52612346（馆配部）　　(010) 66509618（读者服务部）
传　　真：(010) 66515838
经　　销：全国新华书店
印　　刷：山东鸿君杰文化发展有限公司
开　　本：880 毫米 ×1230 毫米　1/32
字　　数：382 千字
印　　张：13.75
版　　次：2015 年 6 月第 1 版第 1 次印刷
定　　价：48.00 元

网　　址：www.cctphome.com　　邮　　箱：cctp@cctphome.com
新浪微博：@ 中央编译出版社　　微　　信：中央编译出版社（ID：cctphome）
淘宝店铺：中央编译出版社直销店（http://shop108367160.taobao.com）

本社常年法律顾问：北京市吴栾赵阎律师事务所律师　闫军　梁勤
凡有印装质量问题，本社负责调换。电话：010-66509618

初版小引

英国在西方世界称得上是诗歌大国。英诗不仅源远流长，而且品种繁多，名家辈出。现知最早的英国诗人是7世纪的凯德蒙。而其他英语国家如美国、加拿大、爱尔兰、澳大利亚等国的诗歌根源都可以回溯到古老的英诗传统那里去。在其发展过程中，英诗博采兼收，几乎移植了欧洲其他国家（甚至欧洲以外）的所有诗体形式。英国诗人也如群星灿烂，雄视世界诗坛。更重要的是，英国人民一向热爱诗歌，他们每逢节日或庆典聚会总少不了要朗诵或引用历代家喻户晓的名诗。这是英诗赖以茁长的沃土。

英诗，尤其是抒情诗，生动而丰富地反映了不列颠民族的性格。他们有哲学家的头脑，对生死、爱情等人生大事往往有严肃的思考，但又不喜作形而上的探究，而注重现实的观察、体验；他们有宗教家的信仰，对基督教上帝虔诚，讲究美德，但有时也有稍稍出格的机智和幽默，而且他们还迷恋异教神话的瑰奇狂放；他们有诗人的气质，不矫饰伤感，不耻于坦白，但温柔含蓄，从不失风度，等等。读者或可从这小小的镜中一窥英国人的内心世界。

本诗集编选的原则基本上是厚今薄古，但由于名家众多，篇幅有限，不可能过分突出其中某一位，所以各位的作品数量趋于平均。在照顾诗人历史地位和作品的代表性的同时，也根据译者的个人口味加以取舍。有的虽为名家，但并不以抒情诗最为见长，故仅聊备一格，如弥尔顿、蒲柏等。还由于有些诗人国内已介绍颇多，在此也仅选一首以为代表，如莎士比亚、拜伦、雪莱等，重点介绍国内读者尚不熟悉、但确又重要的诗人诗作。顺序按诗人的出生年代先后排列。

注释和解析部分在参考了多种国内外有关研究成果之外，适当参以编译者己见。限于水平，谬误偏颇之处在所难免，切望读者明鉴指正。

傅　浩

1990 年 12 月 7 日于北京

中国社会科学院外国文学研究所

再版前言

我独力制作的第一本正式出版物是《英国抒情诗》（1992）。那是一本译诗加注释和赏析文字的小册子，一本真正的小册子，六万字，六十四开本。

那是1990年下半年——我刚进入中国社会科学院外国文学研究所工作不久——的某一天，当时的英美室主任给了我一张字条。原来是广州花城出版社来约稿的编辑留下的。该社自从80年代前期就出有一套"花城袖珍诗丛"，号称精选古今中外名诗，可直到那时还没有出过英国诗。来访的编辑找到外文所副所长，副所长又找英美室主任，大概是室主任推荐了我，来为他们编译一本历代英国抒情诗选。

其实这并非我接到的第一次约稿。我为三联书店翻译的《诗歌解剖》早在1987年就已交稿，可是由于种种原因，尚未出版。这次的约稿也是我好之乐之的题目。因为该诗丛已出多种，所以出版社要求体例和字数都依照先例，同时还要求选诗避免与已有的《英美先锋诗》重复。我只好从所能找到的原文诗集中精选了上自乔叟下至希内的37位诗人的60首诗。当然我实际译的不止此数，因为还要从译文中甄选。尽管多数诗人是第一次译，但我凭着平素的阅读积累，还是译得心应手，若有神助。赏析文字也写得异常顺利，挥洒自如。加上作者简介和必要的注释，大概一个多月就完稿了。现在回想起来，也不禁会讶异自己那时精力之旺盛。其实那就像生活经历中的许多第一次一样，令人因刺激而充满激情，因激情而充满精力和灵感，因精力和灵感而产生奇迹。

尽管我在引言中说，选诗的原则是厚今薄古，但漫长的历史是无法回避的。古诗乃至许多现代诗都是格律诗，在翻译中要保留原诗的韵式和步格，会比译自由诗难得多。好在我都基本上做到了原诗亦步我亦步，原诗亦趋我亦趋，虽然现在再看，有些地方（包括赏析文字）还可进一步推敲。所谓弊帚自珍，这本书虽小，我自己却很偏爱她，因为她是青年的激情的产物，而生产她的经验已无法重复。

美中不足的是，莎士比亚十四行诗《当我时运乖蹇，遭人白眼》的赏析文字中"芳草美人"一语被误印为"香车美人"；希内的《春之祭》一诗可能因涉嫌性意象而遭删除；因遵循先例而未附诗人的英文原名（这一点曾遭到港台读者的抗议）。而最大的遗憾是，可能由于该诗丛的市场销路已成强弩之末，我这本聊备一格的末班车乘客只印了1500册，其影响范围可想而知。令人略感欣慰的是，我毕竟听到过几声来自陌生读者的称许。

时隔十余年，在修订过我的大多数译诗之后，我觉得该轮到《英国抒情诗》了。这次我仍旧对照原文逐字逐句校订了译文，改正了一些误译，修润了一些措辞，尽可能使译文更准确更精美。对注释和解析文字也做了修改增订。另外还增选了少量新译，总数达到了70首。修订本改题为《英语诗歌的不朽之作：中译·注释·解析》，诗作文本部分增加了英语原诗，与中译文相对照，注释和解析则纯用中文。书末附录数篇译者论诗歌翻译的文章，以俾读者在欣赏原诗和译诗的同时，对译者的翻译方法和风格有更理性的了解。

傅　浩

2004 年 9 月

第三版说明

1990年下半年，我应花城出版社之请为其"花城袖珍诗丛"译著《英国抒情诗》，精选了37位诗人的60首诗，翻译、注释加解析，于年底之前完成。该书于1992年4月问世，但印量甚少，故影响不大；虽属急就，但毋庸讳言，代表着我当时的译诗和解诗水平。除被出版方删去一首诗和有一处误改之外，其余一仍拙稿，只字未动。

2004年下半年，我对《英国抒情诗》做了小规模的修改增订。增订本改题为《英语诗歌的不朽之作：中译·注释·解析》，选诗总数达到了70首，并增加了英语原诗，与中译文相对照；另外还附录4篇译者论诗歌翻译的文章。2005年1月，哈尔滨出版社出版了该书，但令我大跌眼镜的是，样书拿到手时，已是面目全非。书名被改成了《英诗名篇精选：明亮的星》；开本缩小，设计俗艳，标为"随身典藏"系列丛书之一；再版前言和附录文章被删，正文也有些删改；校对粗疏，漏印错印之处颇多。这些都未经我校阅订正。由于出版方将该书定位低下，故在学术界影响甚微。

此次又有机会增订，此次改动幅度之大，用"面目全非"来形容亦不为过。读者有心，当不难发现拙译笔法风格的变化，无论是进步还是退步。此外，还增加了一些新译，多是英诗中不可不知且已有多种汉译的名篇，打破了原先厚今薄古的格局而接近古今平衡，入选诗人总数达到39位，诗作达到88首。附录论翻译的文章也增至6篇，皆是来自实践的经验之谈，聊备一格，庶几可免光说不练或光练不说之讥。注释和评析文字也根据新知材料做了相应修订。保留了初版小引，恢复了再版前言。英语原文尽量采用原始标准版本，少数无法获得原始版本的才退而求其次，采用后来编辑加工的较晚近版本。书名重订为《英诗华章：

汉译·注释·评析》，取英语名诗与华语译文及评析文字相映成趣、相
得益彰之寓义，这不至于太过有失谦逊吧。

傅　浩

2014 年 5 月

目 录

GEOFFREY CHAUCER

杰弗里·乔叟

　　杰弗里·乔叟（约 1340—1400），中世纪英国伟大诗人。出身于富裕酒商家庭，长期在政界和宫廷担任要职。多次出使欧洲大陆诸国，深受意大利文艺复兴运动先驱但丁、彼特拉克等人的人文主义思想影响。代表作长篇叙事诗《坎特伯雷故事集》开创了英国现实主义文学之先河。当时英国文化深受法国影响，上流社会文人通用法语和拉丁语。乔叟率先采用伦敦方言写作，并创用"英雄双行体"，对英国民族语言和文学的发展影响极大，故被誉为"英国诗歌之父"。

Balade

Hyd, Absolon, thy gilt tresses clere;
  Ester, ley thou thy meknesse al adoun;
Hyd, Jonathas, al thy frendly manere;
  Penalopee, and Marcia Catoun,
  Make of your wyfhod no comparisoun;
5   Hyde ye your beautes, Isoude and Eleyne.
  My lady cometh, that al this may disteyne.

Thy faire body, lat hit nat appere,
  Lavyne; and thou, Lucresse of Rome toun,
10 And Polixene, that boghten love so dere,
  And Cleopatre, with al thy passioun,
  Hyde ye your trouthe of love and your renoun;
  And thou, Tisbe, that hast of love swich peyne.
  My lady cometh, that al this may disteyne.

15 Hero, Dido, Laudomia, alle yfere,
  And Phyllis, hanging for thy Demophoun,
  And Canace, espyed by thy chere,
  Ysiphile, betrayed with Jasoun,
  Maketh of your trouthe neyther boost ne soun;
20   Nor Ypermistre or Adriane, ye tweyne.
  My lady cometh, that al this may disteyne.

巴拉德 [1]

押沙龙，[2] 遮起你闪亮的金色发丝；
　　以斯帖，[3] 放下你满含的脉脉柔情；
约拿单，[4] 收起你洋溢的友好情义；
　　珀涅罗珀 [5] 和玛尔西娅·卡托翁，[6]
　　不要拿你们女人的魅力来竞争；　　　　　　　　　5
　　　　伊索德和艾莲娜，[7] 藏起你们的美色：
　　　　我的女神来了，会盖过这一切。

别让你漂亮的身段显露，拉文；[8]
　　还有你，来自罗马城的鲁克丽丝，[9]
为爱情付高昂代价的波里克辛，[10]　　　　　　　10
　　还有那受苦受难的克娄巴特立，[11]
　　藏起你们的贞操和你们的名誉；
　　　　还有你，为爱情如此痛苦的提斯别：[12]
　　　　我的女神来了，会盖过这一切。

海若、[13] 狄多、[14] 拉俄达弥亚 [15] 之辈，　　　15
　　还有为你的德莫丰自缢的菲丽丝，[16]
还有因你的行为而出名的卡娜塞，[17]
　　那被伊阿宋引诱的许珀希皮里，[18]
　　别夸耀，也别张扬你们的韵事：
　　　　许珀弥斯特 [19] 和阿里阿涅 [20] 也别价：　　20
　　　　我的女神来了，会盖过这一切。

【注释】

1．此诗出自长篇叙事诗《好女人传说》（约1372）的第249—269行。巴拉德是源自法语的一种诗体。一般有三节，每节行数和每行音节数在实际写作中会稍有变动。其特点是：每节末行为一重复的叠句；通篇只用三种韵（至多四种）；通常在正文后附加有一结尾诗节，作为对权贵或恩主的献辞。

2．犹太人"圣经"中大卫王之子，以美仪容著称。因其兄暗嫩奸污妹妹塔玛，杀暗嫩为妹雪耻。

3．波斯王亚哈随鲁之王后，以温婉闻名。因前王后不遵王命被废，以斯贴遂被册立为后。

4．大卫王的朋友，曾把其父扫罗王要杀大卫的消息通知大卫。

5．希腊传说中奥德修斯之妻。其夫远征特洛伊10年，她一直苦等，拒绝了无数求婚者。

6．不详。有人认为是指古罗马政治家马尔库斯·波尔丘斯·（小）卡托（前95—46）之妻玛尔西娅。她在其夫死后遵从其遗愿嫁给了他的朋友霍尔腾修斯。另有人认为也可能指卡托之女波尔西娅。她嫁给了暗杀凯撒的布鲁图斯。二者均以谨守妇道为人所称道。

7．伊索德是古爱尔兰传说中一女子，与特里斯坦相恋。特里斯坦战死，伊索德亦悲痛而死。艾莲娜即特洛伊的海伦，因貌美引发长达9年的特洛伊战争。

8．即拉文尼娅。拉丁国王拉提努斯之女。原许配图尔努斯，后遵照神谕嫁给特洛伊王子埃涅阿斯为次妻。

9．古罗马一贵族之妻，被末代王子奸污。她告知丈夫其事后，自刎而死。

10．特洛伊王普里阿摩之女。为阿基里斯所追求。阿基里斯死后，她在其坟前殉死。

11．埃及女王，曾先后与罗马执政官尤利乌斯·凯撒和马克·安东尼相恋，二者死后以毒蛇自啮而死。

12．古巴比伦少女，与皮拉姆斯相爱。二人相约在郊外幽会，提斯别先至，却被一狮子吓走。皮拉姆斯后至，见提斯别丢下的被狮子染上血污的面纱，以为情人惨遭狮吻，遂拔剑自杀。提斯别回来见情人已死，亦拾剑自尽。

13．爱神的女祭司。与利安得相爱。利安得每晚游水过河与她相会，她在塔上擎火炬为他引路。一夜大风吹灭火炬，利安得溺水而死。海若见状坠塔自尽。

14. 迦太基女王。与特洛伊王子埃涅阿斯相爱。埃涅阿斯一去不返，她失望自杀。

15. 普罗特希劳斯之妻。得知丈夫阵亡的消息后自杀。

16. 菲丽丝是特雷斯国王之女。雅典人德莫丰在参加特洛伊战争后，回雅典途中爱上菲丽丝并娶了她。他回雅典后未能如约返回，菲丽丝因失望而自缢。

17. 伊奥鲁斯之女。与兄弟马卡柔斯乱伦生子，为父亲所迫自杀。

18. 许珀希皮里是勒姆诺斯女王。与阿耳戈英雄伊阿宋相爱。伊阿宋忘却誓约抛弃了她，她遂被本国妇女放逐。

19. 埃及王达那俄斯之女。达那俄斯与孪生兄弟埃古普托斯争王位，把他的50个女儿嫁给埃古普托斯的50个儿子，并命她们在新婚之夜杀死丈夫。许珀弥斯特是其中唯一没有听从父命杀死丈夫的。

20. 克里特王弥诺斯之女。雅典英雄忒修斯杀死半人半牛怪弥诺陶洛斯后，她用小线团帮助他逃出迷宫。忒修斯把她带到那克索斯岛，然后抛弃了她。

【评析】

　　《好女人传说》是一部未完成的长篇叙事诗，像《坎特伯雷故事集》一样，由一系列故事组成。诗的大框架则是诗人做的一个梦。在梦中，爱神丘比特因诗人写诗诋毁女性而要惩罚他，经爱神之妻阿尔刻提斯缓颊，遂命令他撰写一系列有关烈妇贞女的"传说"以赎罪。此抒情诗即诗人为表示感谢而献给阿尔刻提斯的赞歌。

　　用典繁多是此诗的主要特点。在西方，尤其是在中世纪，这些神话和历史传说典故广为人知，因此用典有利于引人联想，增加诗的暗示效果。而且此诗结构简单、重复，在一定程度上减轻了用典的堆砌感和重量感。

　　第一节中所列举的传说人物大致是以贞洁、义气、正直等美德著称；第二节、第三节所举则或是不幸爱情的牺牲者，或是真挚爱情的殉死者。除此之外，所有这些贞妇烈女（其中居然还有两位男性）都以美貌和出身高贵闻名于世。诗人喝令她们不要炫耀她们的优点和事迹，因为"我的女神来了，会盖过这一切"，意在衬托诗人心中的女神的美貌和美德之超凡拔俗，无法形容。还有一层可能的含义是：这些美人虽然出众，但都遭逢不幸，所遇非人，而我的女神却完美无瑕，且因我的赞美而感到幸福和自豪。诗人暗中也抬高了自己。

WALTER RALEGH

沃尔特·罗利

沃尔特·罗利（1552—1618），英国诗人、冒险家、军人、历史学家。生于德文郡一新教徒家庭。就读于牛津大学。曾远赴美洲开疆拓土和探险寻宝，深得女王伊丽莎白一世赏识，获封骑士爵位。后获罪入狱，在狱中写出煌煌巨著《世界史》。最终被继任的英王詹姆斯一世处死。

The Nymphs Reply to the Sheepheard

If all the world and loue were young,

And truth in euery Sheepheards tongue,

These pretty pleasures might me moue,

To liue with thee, and be thy love.

5　　Time driues the flocks from field to fold,

When Riuers rage and Rocks grow cold;

And Philomell becommeth dumbe;

The rest complaines of cares to come.

The flowers doe fade, and wanton fieldes

10　　To wayward winter reckoning yieldes;

A honny tongue, a hart of gall,

Is fancies spring, but sorrowes fall.

Thy gownes, thy shooes, thy bed of Roses,

Thy cap, thy kirtle, and thy poesies,

15　　Soone breake, soone wither, soone forgotten:

In follie ripe, in reason rotten.

Thy belt of straw and Iuie buddes,

Thy Corall claspes and Amber studdes,

All these in mee no meanes can moue

20　　To come to thee and be thy loue.

山野村姑答牧童 [1]

若人人年轻，且爱情永驻，
每一位牧童说话都算数，
这些个妙乐会让我动心，
去跟你同居，做你的爱人。

岩石变冰冷，河水怒吼时，　　　　　　5
时光把羊群从野外赶回；
燕子也哑然噤声的时候，
剩下到来的是抱怨忧愁。

鲜花会凋谢；不羁的原野
屈服于蛮横严冬的判决：　　　　　　10
含蜜的口舌，张狂的心意
是幻想的春天，烦恼的秋季。

你的袄、你的鞋、你的玫瑰床
花冠、花裙和花束的芬芳
很快就破败，枯萎，忘干净——　　　　15
在成熟的愚行，腐烂的理智中。

你的常春藤和草编腰带，
珊瑚的带扣，琥珀的配饰，
这一切都无法让我动心
去到你身边，做你的爱人。　　　　　　20

But could youth last, and loue still breed,

Had joyes no date, nor age no neede,

Then these delights my minde might moue

To liue with thee and be thy loue.

【注释】

1. 此诗问世于 1600 年, 是对克里斯托弗·马娄《多情牧童致情人》一诗的应和。

　　但假如青春久，爱情长远，

　　欢乐无尽时，老年无缺短，

　　这些个乐趣就让我动心

　　去跟你同居，做你的爱人。

　　【评析】

　　马娄诗（见后）中的说话者是充满浪漫幻想的大言者，企图用物质和感官享受引诱无知少女。罗利此诗则拟山野村姑的口吻作答，头脑理智而态度现实，对牧童的许诺逐一质疑批驳，结论不言而喻，自然是全盘否定。与马娄诗对照而读，可见此诗语气之俏皮。

EDMUND SPENSER

埃德蒙·斯宾塞

埃德蒙·斯宾塞（1552—1599），英国文艺复兴时期重要诗人。生于伦敦近郊一布商家庭。获剑桥大学文学硕士学位。1580年起在爱尔兰总督府任职。代表作《仙后》是一部寓说教于传奇的讽喻性长诗。所创用的严格的九行诗体被称为斯宾塞体。其他作品有《牧人日历》、《爱情小唱》等。在诗歌语言和技巧、格律方面的精湛造诣使他获得"诗人的诗人"之誉。

Lyke as a Huntsman after Weary Chace

Lyke as a huntsman after weary chace,

 Seeing the game from him escapt away,

 Sits downe to rest him in some shady place,

 With panting hounds beguiled of their pray:

5 So after long pursuit and vaine assay,

 When I all weary had the chace forsooke,

 The gentle deare returnd the selfe-same way,

 Thinking to quench her thirst at the next brooke.

There she beholding me with mylder looke,

10 Sought not to fly, but fearelesse still did bide:

 Till I in hand her yet halfe trembling tooke,

 And with her owne goodwill hir fyrmely tyde.

Strange thing me seemed to see a beast so wyld,

 So goodly wonne with her owne will beguyld.

【注释】

1. 此诗选自十四行诗集《爱情小唱》（1595），为其中第 67 首。该诗集共收十四行诗 89 首，据说是写给后来成为诗人第二任妻子的伊丽莎白·波伊尔的。

【评析】

情场的追逐有如猎场的追逐，冒险、刺激、耗费精力，且往往结果难料。但

正像猎人在疲惫的追逐之后 [1]

正像猎人在疲惫的追逐之后，

　　在一个阴凉之处坐下来休憩，

　　眼看着猎物从他的面前逃走，

　　丢了猎物的猎犬在身边喘息：

在长久追求和徒劳尝试之后，　　　　　　　　　5

　　我已经疲惫不堪放弃了追猎，

　　柔美的鹿儿却从原路转回头，

　　想要在近旁的溪边一解焦渴。

在那里她用柔和眼光望着我，

　　无意要逃走，只是无惧地静候：　　　　　　10

　　等我把她捉到手，且半带瑟缩，

　　心甘情愿在这里被牢牢捆缚。

看一头野兽如此地难驯不羁，

　　竟轻易自迷就擒，真令我惊奇。

倘若山穷水复之际，突然峰回路转，这意外的惊喜，竟何如之！

　　此诗通篇是一个明喻加一个"扩大的暗喻"。这不同于简单的"什么像什么"或"什么是什么"之类的比喻，而是从一个相似点开始，逐渐触发多个有关的相似点，从而衍生出一个细节完整的画面或场景，其本身具有独立的表层意义和审美价值，背后则隐含有深层含义，即喻义。

　　"柔美的鹿儿"（the gentle deare）语带双关，因为"deare"（deer 的古拼法）又有亲爱之人的意思。

One Day I Wrote Her Name vpon the Strand

One day I wrote her name vpon the strand,

　　But came the waues and washed it away:

　　Agayne I wrote it with a second hand,

　　But came the tyde, and made my paynes his pray.

5　Vayne man, sayd she, that doest in vaine assay,

　　A mortall thing so to immortalize,

　　For I my selue shall lyke to this decay,

　　And eek my name bee wyped out lykewize.

Not so, (quod I) let baser things deuize

10　To dy in dust, but you shall liue by fame:

　　My verse your vertues rare shall eternize,

　　And in the heuens wryte your glorious name.

Where whenas death shall all the world subdew,

　　Our loue shall liue, and later life renew.

【注释】

1. 此诗是《爱情小唱》中的第 75 首。

【评析】

　　在沙滩上写字，是许多人都有的经验。在沙滩上写爱人的名字，是许多恋人都有的经验。沙滩上的字迹不会长留，是人人皆知的常识。连人的肉体也会速朽，何况沙滩上的字迹？但自生民之初，人就梦想着成为神而不朽，因而与大自然不懈地抗争着。我国古人以"立言"为不朽。近似地，古希腊则有诗歌可以使人不朽之信念。这种信念在欧洲文艺复兴时期又大行其道。这里，诗人

有一天我在滩涂上写她的名字 ¹

有一天我在滩涂上写她的名字，
　　可是波浪一来，就把它冲跑；
　　再度，我又动手写了第二次，
　　可是潮水一来，又把它吞掉。
"徒劳的人，"她说，"你真是徒劳，　　　　　　　5
　　这么努力要使必朽物变不朽；
　　就连我自身也会像这样衰耗，
　　我的名字也同样将被清除。"
"不对，"我说，"卑微者算尽计谋，
　　终归尘土，你却会凭名气永生：　　　　　　10
　　我的诗将使你罕有的美德长留，
　　并且在天国里写上你的荣名。
死亡将人世全都征服时，在天国，
　　我们的爱还在，将开始新的生活。"

把这种信念与基督教的永生观念结合，却显得有些不伦不类。据基督教因袭犹太教之说，人类始祖亚当和夏娃偷吃知善恶树禁果，上帝恐怕他们进而偷吃生命树之果而获得永生，故而把他们逐出伊甸乐园，并诅咒他们"本是尘土，终归尘土"。后来，有的基督徒相信，人可以通过积累善功美德，有的则认为只能靠上帝特选，死后升入天国，与上帝同在而永生。那么，既然爱人进入天国，获得永生凭的是自己的"名气"和"美德"，又何劳诗人的手笔呢？在天国里再写"荣名"，永生再加不朽，岂非头上安头？再说了，诗人怎能保证自己有资格先入天国，而且还能替人注册？如此大言沽恩，恐怕只有被爱情冲昏了头脑的热恋中人才会信，才爱听。

I Saw in Secret

I saw, in secret to my Dame

How little Cupid humbly came,

　　And sayd to her All hayle, my mother!

But when he saw me laugh, for shame

His face with bashfull blood did flame,

　　Not knowing Venus from the other.

Then, neuer blush, Cupid (quoth I)

　　For many haue err'd in this beauty.

5

【注释】

1．此诗选自《爱情小唱》结尾部分阿那克里翁体艳情诗。

2．丘比特：古罗马神话中的小爱神，维纳斯之子。

3．维纳斯：古罗马神话中的爱与美之女神。

我暗中瞧见 [1]

我暗中瞧见小丘比特 [2] 竟然
乖顺地走到我女友的面前，
　　对她说道："万福，母亲！"
他见我大笑，由于羞赧，
脸上燃起了血红的火焰：　　　　　　　　5
　　未分清维纳斯 [3] 与这位美人。
"那么，别害臊，丘比特，"我说，
　　"因为许多人都曾经搞错。"

【评析】

　　儿子竟错认了母亲，可见这位"女友"与爱神维纳斯何其相似！如此曲意奉承，可谓妙绝。

CHRISTOPHER MARLOWE

克里斯托弗·马娄

克利斯托弗·马娄（1564—1593），极富才华的剧作家、诗人。生于鞋匠家庭。获剑桥大学硕士学位。曾从事各种冒险甚至违法活动，终于被人刺死。主要成就在于戏剧创作。作品有《帖木尔》、《浮士德博士的悲剧》等。首创用无韵体写诗剧，对莎士比亚及以后英国戏剧的发展有重大影响。其诗歌创作也为时人所推重。

The Passionate Sheepheard to His Loue

Come liue with mee, and be my loue,
And we will all the pleasures proue,
That Vallies, groues, hills and fieldes,
Woods, or steepie mountaine yeeldes.

5   And wee will sit vpon the Rocks,
Seeing the Sheepheards feede theyr flocks,
By shallow Riuers, to whose falls,
Melodious byrds sing Madrigalls.

And I will make thee beds of Roses,
10   And a thousand fragrant poesies,
A cap of flowers and a kirtle,
Embroydred all with leaues of Myrtle.

A gowne made of the finest wooll,
Which from our pretty Lambes we pull,
15   Fayre lined slippers for the cold,
With buckles of the purest gold.

A belt of straw and Iuie buds,
With Corall clasps and Amber studs,
And if these pleasures may thee moue,
20   Come liue with mee, and be my loue.

多情牧童致情人 [1]

来跟我同居，做我的爱人，
我们将体验那乐趣无尽；
深谷和高山，森林和平川
是我们无尽乐趣的泉源。

在那里我们坐在岩石上，　　　　　　　　　　5
看牧人放养他们的牛羊；
在那流泉飞瀑的浅溪边，
听百鸟鸣唱那情歌婉啭。

我将用玫瑰为你做床铺，
采摘芬芳的鲜花一千束，　　　　　　　　　　10
编一条花裙，做一顶花冠，
上面缀满了桃金娘花瓣。

拔来漂亮的羔羊的绒毛，
做一件洁白柔软的皮袄；
用纯金的钮扣精工细做，　　　　　　　　　　15
御寒穿用的漂亮的暖鞋；

一根腰带用常春藤编结，
上面镶嵌着珊瑚和琥珀：
这些乐趣若打动你的心，
来跟我同居，做我的爱人。[2]　　　　　　　　20

The Sheepheards swaines shall dance and sing,

For thy delight each May-morning;

If these delights thy minde may moue,

Then liue with me, and be my loue.

【注释】

1. 此诗问世于 1599 年。

2. 1655 年第二版在此下加有一节："你进食用的是银制餐具，/ 盛着像诸天神吃的珍馐，/ 将摆在象牙镶嵌的桌上，/ 为你我每天都准备停当。"

【评析】

此诗历来以音韵和畅、形象优美、语气爽直而被视为英国田园诗中佳作。田园诗创始于古希腊诗人提奥克里蒂斯（前 3 世纪），或译牧歌，是以理想的乡野田园牧人生活为题材的一种诗歌类型，在西方文学中有着悠久的传统，以至于后世仿作多少有程式化倾向。马娄此诗也不例外。不同于前面斯宾塞诗中的比喻，此诗所用的假设许诺手法有时会招致不客气地批评。批评者大抵认为诗人的描写完全出于臆想，缺乏生活经验的基础，因此情感浪漫而不真诚，只能看作是游戏之作。例如当代英国诗人玛茱莉·布尔顿就曾指出：这是一个城里人对乡村生活

放羊的牧童将载歌载舞，

年年为你把五月节庆祝：

这些乐趣若打动你的心，

就跟我同居，做我的爱人。

的描绘。世故的人们幻想着在理想化的乡野美景中扮做天真纯朴的牧童和牧女。鸟儿像伊丽莎白时代有文化的青年一样，唱着情歌艳曲；玫瑰花床没有刺儿；牧羊女拿得出珊瑚、琥珀和黄金，并且闲得无事可做；羊毛不是用剪刀剪下来的，而是用残酷而不恰当的手段——用手拔下来的（译者按：诗人很可能是为了押韵而选用了"拔"［pull］这个字的，这是典型的以辞害义）。而且，"多情牧童"的求爱也缺乏激情，他的恳求不过是物质的奉赠，或至多只是审美快感的提供而已。可见真诚乃抒情诗的第一要素。不过，马娄此诗本身很可能只是对传统田园诗的戏仿之作。

此诗问世不久就引出沃尔特·罗利爵士的唱和之作《山野村姑答牧童》，是针锋相对的调侃。17世纪约翰·但恩步韵拟作的《诱饵》则自有旨趣，可谓借题发挥。20世纪30年代塞西尔·戴·刘易斯的戏仿之作《歌》则借传统名句起兴，反映和讽刺了当时英国真实的社会现状，可谓反其意而用之（上述各诗分别见本书中相应部分）。

WILLIAM SHAKESPEARE

威廉·莎士比亚

　　威廉·莎士比亚（1564—1616），英国文艺复兴时期最伟大的戏剧家、诗人。出生于小商人家庭。受过初等教育。当过剧院杂役、演员、导演。创作颇丰，现存剧本 37 部、长诗 2 首、十四行诗 154 首。代表作有历史剧《查理三世》、《亨利六世》；喜剧《仲夏夜之梦》、《威尼斯商人》；悲剧《哈姆雷特》、《奥赛罗》、《李尔王》、《麦克白》、《罗密欧与朱丽叶》等。其剧作结构严密，情节曲折，场面感人；人物个性鲜明真实；语言精妙，亦庄亦谐，韵味深长；是人文主义思想与精湛艺术的完美结合，对欧洲乃至世界文化的发展有重大影响。其十四行诗也以感情真挚高尚、想象瑰奇、造语精炼而代表着英国诗歌的一流水平。

Who Will Beleeue My Verse in Time to Come

Who will beleeue my verse in time to come
If it were fild with your most high deserts?
Though yet heauen knowes it is but as a tombe
Which hides your life, and shewes not halfe your parts:
5　If I could write the beauty of your eyes,
And in fresh numbers number all your graces,
The age to come would say this Poet lies,
Such heauenly touches nere toucht earthly faces.
So should my papers (yellowed with their age)
10　Be scorn'd, like old men of lesse truth then tongue,
And your true rights be termd a Poets rage,
And stretched miter of an Antique song.
　　But were some childe of yours aliue that time,
　　You should liue twise in it, and in my rime.

【注释】

1. 此诗是莎翁 154 首十四行诗中的第 17 首。

【评析】

此诗旨趣类似斯宾塞的《有一天我在滩涂上写她的名字》，也是有关诗歌可以令人不朽的主题。诗人同样对自己的艺术无比自负，但写法要委婉曲折得多。

在未来谁会相信我的诗行 [1]

在未来有谁会相信我的诗行，
若其中充斥你的最高尚优点？
可是，天知道，那不过像座墓葬，
埋藏你的生命，半点也不显。
倘若我能够描写你美目流光，　　　　　　　　5
用新颖歌诗把你的魅力历数，
未来的岁月会说："这诗人撒谎；
这样的神笔没碰过凡人面目。"
我的书页也由于年久而泛黄，
像惯于扯谎的老汉令人小觑。　　　　　　　　10
你正当权利被称为诗人之狂，
以及一首老歌曲拖长的韵律。
　　但如果你哪个孩子那时在世，
　　你将活双份——在他身上、我诗里。

诗人先假设用诗歌颂扬爱人的美德，那样的作品将来可能因令人难以置信而被忽视。以这样的克制陈述反衬爱人的美德高尚非凡，比直截了当的吹捧来得高明。同样，如果描写爱人的美貌，也会因其美丽非凡而难以取信于后世之人。歌颂者如实的描写被认为是撒谎；被歌颂者应享有的正当权利则被视为诗人的疯话和蹩脚的韵律而备受轻视。然而，纵然如此，"你"的精神仍然会活在"我"的诗里，一如"你"的基因活在"你"的后代身上一样，而且，很可能活得更长。

Shall I Compare Thee to a Summers Day

Shall I compare thee to a Summers day?

Thou art more louely and more temperate:

Rough windes do shake the darling buds of Maie,

And Sommers lease hath all too short a date:

5   Sometime too hot the eye of heauen shines,

And often is his gold complexion dimm'd,

And euery faire from faire some-time declines,

By chance, or natures changing course vntrim'd:

But thy eternall Sommer shall not fade,

10   Nor loose possession of that faire thou ow'st,

Nor shall death brag thou wandr'st in his shade,

When in eternall lines to time thou grow'st,

     So long as men can breath or eyes can see,

     So long liues this, and this giues life to thee,

【注释】

1. 此诗是莎翁 154 首十四行诗中的第 18 首。

2. 苍天之眼：指太阳。

【评析】

此诗从主题到内容都紧承前一首，可以说是前一首诗的发展或变奏。意思明白显豁，无需太多解说。唯有一点需要提请我国读者注意的是：英国是个岛国，属温带海洋性气候，四季温差不大，夏季阳光明媚，天气温和，最为宜人，或可比拟我国的春季而非酷热难当的夏季，故有人甚至主张应将此诗中"summer"一词译为"春天"。笔者则认为应输入文化新知，而不应固步自封，盲目归化。

可否把你比做夏季一天 [1]

译文一

可否把你比做夏季一天？
你是人更美妙心更美好。
阵风会把五月娇蕾摇撼，
夏季租期也嫌时日太少。
苍天之眼 [2] 有时照耀过热。
他那金面常被浮云遮蔽；
诸多美物终将失去美色，
由于非命或者自然变易。
但是你的夏天不朽永恒，
你的所有美色毫无损失，
你在不朽诗句之中长生，
死神不会说你受他荫庇，
　　只要人会呼吸眼能看清，
　　只要此诗存活给你生命。

译文二

可否把你比做夏季的一日？
你竟是更加明媚更加温和。
阵风粗暴摇撼五月的娇蕾，
夏季的租期拥有时日无多。
苍天之眼有时照耀得过热，　　　5
他那金面常常被浮云遮暗；
各种美物终将褪去了美色，
由于偶然或者是自然变幻。
但是你的夏天将永恒不朽，
你的所有美色也毫无损失，　　　10
死神将不会说你受他庇佑，
当你在不朽诗句之中长生，
　　只要人会呼吸眼睛能看清，
　　只要此诗存活赋予你生命。

　　此诗也许是莎翁入选各种诗选本最频繁，因而最著名，在我国也可能是译本最多的一首十四行诗。笔者本无意翻译，只是在与人讨论诗歌翻译问题时为举例之需而试译了开头四行（拙文中所举译诗例之所以均只有四行，是因为直接引自所评论的原著，其中只举出了四行，另外论文篇幅有限，也不容多举），说明问题而已。不料原著作者抓住这点大做文章，反讥笔者只会说"大话"，一首诗还没译完就"不干了"，认为这不足以说明问题。其实，笔者是顺着他的逻辑往前"再跨半步"，说明更整齐（未必更难更好）的译法"非不能也，是不为也"，并非赞成这种以整齐为尚的取向为唯一标准。其反讥固然不值一驳，但为了证明笔者的"大话"并非虚言，故在此一并举出两种全译本。有关译法的考量可参见本书附录的《怎样译诗》一文。

When in Disgrace with Fortune and Mens Eyes

When in disgrace with Fortune and mens eyes,
I all alone beweepe my out-cast state,
And trouble deafe heauen with my bootlesse cries,
And looke vpon my selfe and curse my fate.
5　　Wishing me like to one more rich in hope,
Featur'd like him, like him with friends possest,
Desiring this mans art, and that mans skope,
With what I most inioy contented least,
Yet in these thoughts my selfe almost despising,
10　　Haplye I thinke on thee, and then my state,
(Like to the Larke at breake of daye arising)
From sullen earth sings himns at Heauens gate,
　For thy sweet loue remembred such welth brings,
　That then I skorne to change my state with Kings.

【注释】

1. 此诗是莎翁 154 首十四行诗中的第 29 首。

【评析】

寂寞，尤其是怀才不遇的寂寞，是人生的一大悲哀；得遇知音，尤其是"慧眼识英雄"的红颜知己，则是人生的一大幸福。而在寂寞时遇知音，恰如久旱甘霖，福之至也。莎翁此诗正是把这人生悲欢的两极扯在一起，从而产生极大的感情张

当我时运乖蹇，遭人白眼 [1]

当我时运乖蹇，遭人白眼，
独自悲叹我不容于世的处境，
徒然用哀号烦扰聩聋苍天，
回首自顾，诅咒自己的宿命，
祈愿像人家一样诸事顺利，　　　　　　　　5
像这位俊美，那位交友如云，
欲求这般才艺，那般学识，
自己所擅长却最不令我称心；
念及这些我几乎自暴自弃，
蓦然之间想起你，我的心境。　　　　　　　10
便像云雀破晓时高高飞离
阴沉大地，唱赞歌直上天庭；
　想想你的爱我就如此富足，
　此刻我不屑与君王易位而处。

力，并得以在结尾处爆出"想想你的爱我就如此富足，此刻我不屑与君王易位而处"的豪语而丝毫不让人觉得是虚假做作的夸张，却令人相信是真实自然的心声。

　　有论者认为莎士比亚的部分十四行诗是写给他的保护人南安普敦伯爵的。果真如此的话，这首诗倒也不妨可看作是"芳草美人"式的寄托之作。但是，文学不是考古，我们解诗大可不必拘泥于史实，更重要的是体会和领悟诗人传达给我们的人生真谛。

JOHN DONNE

约翰·但恩

约翰·但恩（1572—1631），又译多恩、邓恩、堂恩、唐恩、邓、顿。英国 17 世纪玄学诗派创始人。生于天主教徒家庭。曾就读于牛津大学。早年生活狂放不羁，晚年皈依国教，任圣保罗教堂教长。早期以写爱情诗见称，晚期则专写宗教诗。其诗作特点是：寓哲理思辨于浓缩的激情，想象出奇但合乎逻辑，富于对立又统一的张力。对 20 世纪英美现代派诗歌有很大影响。

The Baite

Come live with mee, and bee my love,

And wee will some new pleasures prove

Of golden sands, and christall brookes,

With silken lines, and silver hookes.

5   There will the river whispering runne

Warm'd by thy eyes, more then the Sunne.

And there the'inamor'd fish will stay,

Begging themselves they may betray.

When thou wilt swimme in that live bath,

10   Each fish, which every channell hath,

Will amorously to thee swimme,

Gladder to catch thee, then thou him.

If thou, to be so seene, beest loath,

By Sunne, or Moone, thou darknest both,

15   And if my selfe have leave to see,

I need not their light, having thee.

Let others freeze with angling reeds,

And cut their legges, which shells and weeds,

Or treacherously poore fish beset,

20   With strangling snare, or windowie net:

诱　饵

来跟我同居，做我的爱侣，
我们将体验新鲜的乐趣：
金色的沙滩，水晶般溪流，
加丝制钓线，银铸的钓钩。

在那里，河水将汩汩流淌，　　　　　　　5
你目光温暖下，胜过阳光。
在那里着迷的鱼儿徘徊，
央求着要把自个儿出卖。

当你在活水中嬉游沐浴，
来自沟沟汊汊的每条鱼。　　　　　　　10
都将会游向你，含情脉脉，
更乐于捉你，甚于被你捉。

若不愿太阳或月亮看见
你这样，你就把二者变暗；
倘若我有幸一睹，就不需，　　　　　　15
日月之光，只因为有了你。

让别人擎芦苇钓竿冻僵，
腿脚被贝壳，和海草割伤，
或狡猾可怜的鱼儿困陷
收紧的圈套，或网眼中间；　　　　　　20

Let coarse bold hands, from slimy nest
The bedded fish in banks out-wrest,
Or curious traitors, sleavesicke flies
Bewitch poore fishes wandring eyes.

25   For thee, thou needst no such deceit,
For thou thy selfe art thine owne bait;
That fish, that is not catch'd thereby,
Alas, is wiser farre then I.

【评析】

　　此诗借用克里斯托弗·马娄《多情牧童致情人》一诗的头两行起兴，却构想的是另一番场景：情人之美，能胜过日月的光辉；又像诱饵一样，能令鱼儿着迷，

让粗莽的手，从黏滑穴窟

把岸边酣眠的鱼儿揪出，

或精制的叛徒，生丝飞虫

把可怜鱼儿的眼睛迷蒙。

至于你，你不需这类诡计，　　　　　　25

你本身就是自己的诱饵；

那条鱼，竟然没有被捉获，

咳呀，可比我聪明得太多。

倘不被捉住，简直就是奇迹。说话者的恭维巧则巧矣，是否也像马娄诗中的那样
不可信呢？他也许是真诚的，但不够诚实。他的逻辑也许是对的，但前提站不住。
然而，这就是诗，因为有趣。

A Valediction: Forbidding Mourning

As virtuous men passe mildly away,
　　And whisper to their soules, to goe,
Whilst some of their sad friends doe say,
　　The breath goes now, and some say, no.

5　　So let us melt, and make no noise,
　　　No teare-floods, nor sigh-tempests move,
　　T'were prophanation of our joyes
　　　To tell the layetie our love.

　　Moving of th'earth brings harmes and feares,
10　　　Men reckon what it did and meant,
　　But trepidation of the spheares,
　　　Though greater farre, is innocent.

　　Dull sublunary lovers love
　　　(Whose soule is sense) cannot admit
15　　Absence, because it doth remove
　　　Those things which elemented it.

　　But we by a love, so much refin'd,
　　　That our selves know not what it is,
　　Inter-assured of the mind,
20　　　Care lesse, eyes, lips, and hands to misse.

赠别：不许伤悲 [1]

就好像有德人安详辞世，
　　只轻轻对灵魂说一声：走，
悲哀的朋友正纷纷论议，
　　有的说气断了，有的说没有，

让我们如此融化，不声张，　　　　　　　　　5
　　无叹息风暴，无泪水洪波；
把我们的爱向外人宣讲
　　就等于亵渎我们的欢乐。[2]

地震带来伤害和恐慌；
　　人们猜度其作用和意图，　　　　　　　　10
可是九天穹隆的震荡
　　虽然大得多，却毫无害处。[3]

世俗恋人的乏味爱欲
　　（其灵魂即感官）不能忍受
别离，因别离使他们失去　　　　　　　　　15
　　那些构成爱情的元素。

而我们被爱情炼得精纯——
　　自己竟不知那是何物——
更注重彼此心灵的相印，
　　不在乎眼唇，及手的接触。　　　　　　　20

Our two soules therefore, which are one,

　　Though I must goe, endure not yet

A breach, but an expansion,

　　Like gold to ayery thinnesse beate.

25　　If they be two, they are two so

　　As stiffe twin compasses are two,

Thy soule the fixt foot, makes no show

　　To move, but doth, if the'other doe.

And though it in the center sit,

30　　Yet when the other far doth rome,

It leanes, and hearkens after it,

　　And growes erect, as that comes home.

Such wilt thou be to mee, who must

　　Like th'other foot, obliquely runne;

35　　Thy firmnes drawes my circle just,

　　And makes me end, where I begunne.

【注释】

1. 据但恩好友艾萨克·沃尔顿所写《但恩传》，但恩于 1611 年随罗伯特·朱瑞爵士出使法国，行前作此诗赠妻子安。

2. 此处把"我们的爱"比作神圣宗教。

3. 据公元二世纪古罗马希腊裔天文学家托勒密天动说，天有九重，由于地轴

我们的灵魂是一体浑然，

　　虽然我人必须走，灵魂却

并不分裂，而只是延展，

　　像黄金槌打成透明薄叶。[4]

即便是一分为二，也如同，　　　　　　　　　25

　　僵硬的圆规双脚一般；[5]

你的灵魂，那定脚，不动，

　　倘若另一脚移动，才动弹。

虽然定脚稳坐在中心，

　　但是另一脚在外远游时，　　　　　　　　30

也侧身倾听它的足音，

　　等那位回家，就把腰挺直。

你对我就将如此，我不得

　　不像另一脚，环行奔跑；

你的坚定使我的圆正确，　　　　　　　　　35

　　使我回到起始处，终了。[6]

运动导致第八或九重天穹震荡，从而造成岁差。但这不至于给人造成危害。

　　4. 据说一盎司黄金可打制成 250 平方英尺的金叶。又据说天使的身体是薄而透明的。

　　5. 以圆规比爱侣古已有之，最早见于古波斯诗人莪默·伽亚姆诗中。

　　6. 圆是完美之象征。圆中心一点又是炼金术士代表黄金的符号。

【评析】

此诗虽写私人情感，但语调克制、超脱、比喻奇特、精妙，寓情感于理趣，是典型的玄学诗风。艾萨克·沃尔顿说：他曾听当时某些权威评论家说，没有一个古希腊或罗马诗人的作品能与此诗相比。后来的浪漫派诗人塞缪尔·泰勒·柯尔律治则认为这是一首"除了但恩无人写得出的美妙的诗"。

正如标题（有些手抄本作"临别之际致他的爱人"或"告别情人时"。）所暗示的，诗人先是把别离与死亡相比。不同寻常的是，诗人对待生死离别的态度竟是那般平和、安详。然后，通过一个对比说明"我们的爱"之坚贞："地震"（世俗者的暂别）引起惊恐和猜疑；"九天穹隆的震荡"（高尚者的久别）却不造成伤害。接下来，四、五两节进一步点明原因，指出两种爱情的本质不同。

六节以后专写两个"灵魂"的别离。六节末行一个简短而贴切的明喻"像黄金槌打成透明薄叶"与上节"我们被爱情炼得精纯"相呼应，说明其爱情坚贞而高贵。七至末节则是一个新的明喻的扩展。虽然这一比喻古已有之，但诗人在此却并非只利用现成的、个别的象征涵义，而是围绕圆规这个中心意象作动态的、连贯的、合乎事实和逻辑的联想，从而赋予这一意象以多层创造性的意蕴。一是两脚互相牵动，二是两脚有分有合，三是一脚坚定，另一脚才能画完美的圆。这些喻意又都指向两个相爱的灵魂。

这一比喻曾引起一些论者（如塞缪尔·约翰逊）的非难。他们倾向于认为圆规令人联想到机械而无感情的事物，其特点是抽象、精密和规则，这与爱的浪漫激情显然不相称。但是，越来越多的读者承认，这一比喻所表达的涵义精巧而深刻，令人惊讶而又异常贴切，其冷静理智的色调也未尝不适于情到深处的凝重，更何况诗人所赞颂的本不是世俗之情，而是灵魂之爱。其实这多半只是个欣赏习惯的问题。用科技事物比喻爱情在诗中盖不多见。然而正由于此，这一比喻在令人感到新奇之余，更以其罕见的贴切赢得读者的赞赏，从而成为玄学诗最著名的"奇喻"之一。它在诗中的出现也并不显得突兀，因为诗人有意使用了其他一些同类（科技）意象，如地震、天体震荡、打制金叶等，从而取得了整体情调和谐的效果。

The Funerall

Who ever comes to shroud me, do not harme

        Nor question much

That subtile wreath of haire, which crowns my arme;

The mystery, the signe you must not touch,

5   For'tis my outward Soule,

Viceroy to that, which then to heaven being gone,

        Will leave this to controule,

And keepe these limbes, her Provinces, from dissolution.

For if the sinewie thread my braine lets fall

10   Through every part,

Can tye those parts, and make mee one of all;

These haires which upward grew, and strength and art

        Have from a better braine,

Can better do'it; Except she meant that I

15   By this should know my pain,

As prisoners then are manacled, when they'are condemn'd to die.

What ere shee meant by'it, bury it with me,

        For since I am

Loves martyr, it might breed idolatrie,

20 If into others hands these Reliques came;

        As'twas humility

To afford to it all that a Soule can doe,

        So,'tis some bravery,

葬 礼

无论谁来为我裹尸，别损坏，
　　　　也别多问
那环绕我臂膀、精致的发编镯子；
那秘密，那标记，你千万不可触碰，
　　　　那是我体外的灵魂；　　　　　　　　　　5
当时已飞升天国的灵魂将委派
　　　　这位副手来摄政，
以保持这些肢体，她的行省，不分崩离析。

假如从大脑下降的筋腱络脉
　　　　贯穿周到，　　　　　　　　　　　　10
能束起部分，使我成为整体，
这些头发向上长，且拥有更好
　　　　头脑的力量和技术，
就能做更好，除非她意谓我应该
　　　　藉此尝到痛苦，　　　　　　　　　　15
犹如囚徒被铐起，当他们被判处死刑之时。

无论她何意，都把它与我同埋，
　　　　既然我是
爱的殉道者，它也许会滋生崇拜，
若这些遗骨落入后来人手里；　　　　　　　20
　　　　正如把灵魂所能
提供的全部交给它，是出于谦恭，
　　　　既然你不愿救拯¹

That since you would save none of mee, I bury some of you.

【注释】

1．"救拯"1633 年版和有些抄本作"拥有"，义含性暗示。

2．"把你部分掩埋"亦双关暗示性行为。

【评析】

这整首诗是一篇虚构的遗嘱。发言者假设自己将因爱而死，死时手臂上缠绕着情人所赠的一束头发，并叮嘱送葬者不要触动它，而一定要把它同自己的遗体一起埋藏：因为，如果她赠我这一束头发是好意，我就出于礼貌把灵魂对肉体的统治权让给它，它理应（当然是歪理）能够更好地保持我的遗体完整；如果是恶意，就让它作为她的一部分随我同归于尽，一起朽烂；总之，无论如何，都要把它与我一起埋葬，或许被后人挖掘出来，会把我的遗骨当成不同寻常的爱情殉道者的圣骨而加以崇拜呢（这种事过去实有发生）。在最后两行，发言者从对送葬人说话转而直接向他的秘密情人示威，一副外强中干的可怜相。我们不妨将此诗与但恩的另一首诗《圣物》对照来读。其头两节云：

> 当我的墓穴再次掘开，
> 为把第二位访客接待，
> （因为坟墓已得知妇女
> 可以是不止一人的床铺）

我分毫，我就把你部分掩埋 [2]，也算是英勇。

　　　　　　而掘墓之人发现
　　骸骨上环绕着一只金发手镯时，
　　　　　　他会不让我们随意，
　　心想那里躺着相爱的侣伴，
　　他们以为这方术多少可以
　　使他们的灵魂在最后忙乱的日子
　　在这墓中相会，且盘桓片时？

　　　　　　假如这事碰巧发生在
　　　　迷信盛行的地方，或时代，
　　　　那么，掘墓之人必将
　　　　把我们献给主教，和国王，
　　　　　　使我们成圣物；那么
　　你将是抹大拉的马利亚，而我则是
　　　　　　别的什么东西；
　　所有女人将崇拜我们，还有些
　　男人；既然那年月，崇尚奇迹，
　　我大可凭这纸诗笺教给那时代
　　我们，无害的恋人，所创造的奇迹。

Batter My Heart, Three-Person'd God

Batter my heart, three-person'd God, for, you

As yet but knocke, breathe, shine, and seeke to mend;

That I may rise, and stand, o'erthrow mee, and bend

Your force, to breake, blow, burn, and make me new.

5　　I, like an usurpt'd towne to'another due,

Labour to'admit you, but Oh, to no end;

Reason, your viceroy in mee, mee should defend,

But is captiv'd, and proves weake or untrue.

Yet dearly' I love you, 'and would be lov'd faine,

10　　But am betroth'd unto your enemie;

Divorce mee, 'untie or breake that knot againe,

Take mee to you, imprison mee, for I,

Except you'enthrall mee, never shall be free,

Nor ever chaste, except you ravish mee.

【注释】

　　1.此诗是但恩晚年所作组诗《神学冥想》（又题《敬神十四行诗》）19 首中的第十四首。

【评析】

　　发言者有心悔罪，但自觉力不从心，不能自拔；理智无法战胜恶习和惰性（参见但恩《神学冥想之十九》："我总是在发誓和礼拜中间改变心意。/ 我悔罪的心意变幻而反复不定"），小修小补的规劝教训无济于事，只有痛加挞伐，才能

砸烂我的心，三位一体的上帝 [1]

砸烂我的心，三位一体的上帝；因为您
仍旧只敲打、呵气、磨光，试图要修补；
为使我爬起、站立，就该打翻我，集聚
力量，粉碎、鼓风、焚烧，重铸我一新。
我，像被夺的城池，欠另一主子的赋税，　　　　　5
努力要接纳您，可是，哦，却没有结果；
理智，您在我身中的摄政，本应保卫我，
却被捕成囚，并被证明是懦弱或不忠实。
然而，我深深爱恋您，也乐于为您所爱，
可是我，却偏偏被许配给您的寇仇死敌；　　　　10
让我离婚吧，重新解开，或扯断那纽带，
抢走我，归您所有，幽禁起我吧，因为
我永远不会获得自由，除非您奴役我，
我也从不曾保守贞洁，除非您强奸我。

脱胎换骨，洗心革面。

　　全诗由三个比喻组成，表达以上同一意念：首先，把"我"和"我的心"比作器物：它已朽坏得无法再修补了，只有打碎回炉重铸才能更新；其次，把"我"比作降城：其中的守宰——"理智"——已归降"另一主子"（显然指撒旦）；最后，把"我"比作处女：不由自主地被许配给了上帝的"寇仇死敌"（当然还是指撒旦）作新娘。这最后一个比喻与基督教以耶稣基督为新郎、教会为新娘的传统比喻类似，在男尊女卑的社会历史语境中想必都是出于谦恭。最后三行对暴力的诉求则算得上英勇，恐怕也是非但恩造不出的惊人悖论。

A Hymne to God the Father

I

Wilt thou forgive that sinne where I begunne,

    Which was my sin, though it were done before?

Wilt thou forgive that sinne, through which I runne,

    And do run still, though still I do deplore?

5   When thou hast done, thou hast not done,

          For I have more.

II

Wilt thou forgive that sinne by which I have wonne

    Others to sinne, and made my sinne their doore?

Wilt thou forgive that sinne which I did shunne

10   A yeare or two, but wallow'd in, a score?

        When thou hast done, thou hast not done,

          For I have more.

III

I have a sinne of feare, that when I have spunne

    My last thread, I shall perish on the shore;

15   But sweare by thyselfe, that at my death thy Sonne

    Shall shine as he shines now, and heretofore;

        And, having done that, thou hast done;

          I fear no more.

天父上帝赞 [1]

1

您会饶恕那罪过 [2] 吗？我生命从中发端，
　　虽然它早已犯下，却也是我的罪过。
您会饶恕那罪过吗？我正在其中滚翻，
　　而且不断在滚翻：虽然我不断悔过。
　　在您做过之后，您并未做完，　　　　　　　5
　　　　因为我还有更多。[3]

2

您会饶恕那罪过吗？我曾经用来诱劝
　　别人也去犯罪，且以我的罪为楷模。
您会饶恕那罪过吗？曾经我有一两年
　　避开了它：却在其中翻滚了廿年多。　　　10
　　在您做过之后，您并未做完，
　　　　因为我还有更多。

3

我犯有一种疑惧罪，恐怕我一旦缠完
　　最后一缕线之时，我将在此岸逝灭；[4]
但以您自身起誓：您儿子在我死之前　　　　15
　　将一如既往普照，将普照一如此刻；[5]
　　做过这事之后，您才算做完，
　　　　我不再疑惧 [6] 更多。

【注释】

1. 此诗有两种不同的文本：一种为手抄本，一种为早期印刷版。一般采用1633—1669年版本，拙译即循此。标题：手抄本或作"致基督"；或作"救主基督"。

2. 指原罪。

3. 五、六两行叠句以人名作双关语。"When thou hast done, thou hast not done, / For I have more."一为字面意思；一为暗含意思，即"在您做过之后，您尚未拥有但恩（Donne），/ 因为我还有莫尔（More，但恩爱妻安的娘家姓）"。

4. 指生命完结。

5. 十五、十六两行："儿子"（sonne）与"太阳"（sunne）同音，故云"普照"，语义双关。

6. "疑惧"：多数抄本作"拥有"。

【评析】

　　前两节祈求上帝饶恕种种罪过。即使上帝饶恕了其生前的罪过，发言者仍不满足，仍旧心怀疑惧，恐怕死后堕入地狱，故进而在最后一节祈祷上帝应允，其子耶稣基督的慈悲之光将把犯罪的发言者从地狱的黑暗中拯救出来。只有得到上帝的誓约承诺，他才会坚信不疑。他得到了吗？恐怕只有他自己知道。

　　此诗结构形式严谨，语义多用双关，语气一唱三叹，寓严肃主题于机智才辩，是但恩的一贯风格。

BEN JONSON

本·琼森

本·琼森（1572—1637），剧作家、诗人、评论家。主要以剧作见称，在世时名气甚至大过同时代的莎士比亚。诗风有时接近玄学派。其墓碑铭文曰："罕见的本·琼森"。

The Shadow

Follow a shadow it still flies you;

Seeme to flye it it will pursue:

So court a mistris she denies you;

Let her alone she will court you.

5   Say are not women truly, then

Stil'd but the shaddows of us men?

At morne and even shades are longest;

At noone they are or short, or none:

So men at weakest, they are strongest

10   But grant us perfect, they're not knowne.

Say, are not women truly, then

Stil'd but the shadows of us men?

【注释】

1. 此诗又题作《歌：女人只是男人的影子》，是诗集《森林集》（1616）中的第七首。据说是意译自当时一位教授的拉丁文诗作。

影 子 [1]

追随一影子，它总是逃避你；

　伴装躲避它，它又来纠缠你：

追求一小姐，她同样拒绝你；

　要是不理她，她反会追求你。

　　那你说说看，女人岂不是　　　　　　　　　　5

　　只配称我们男人的影子？

早晨和黄昏时，阴影最修长；

　正午时，阴影或缩短，或失踪：

男人最软弱时，女人最悍强，

　但我们一强盛，她们就无声。　　　　　　　　10

　　那你说说看，女人岂不是

　　只配称我们男人的影子？

【评析】

　　据苏格兰诗人威廉·德拉蒙德（1586—1649）的《谈话录》载，潘布洛克伯爵与夫人就男女孰尊孰卑发生争论，请求琼森裁决；琼森遂以此作答。

　　用类比手法说明一个道理或意见，而诗的主要内容即由对喻体特点的发挥构成，这是玄学诗的特点之一。值得注意的是，这首诗语调亦庄亦谐，诙谐成分较严肃成分为多，故此我们不应苛责作者轻蔑女性。

Slow, Slow, Fresh Fount

Slow, slow, fresh fount, keep time with my salt teares;

Yet slower, yet, O faintly, gentle springs!

List to the heavy part the musick beares,

Woe weeps out her division, when shee sings.

5   Droop hearbs and flowres;

    Fall griefe in showres;

    Our beauties are not ours.

     O, I could still,

(Like melting snow upon some craggy hill,)

10   Drop, drop, drop, drop,

Since natures pride is, now, a wither'd daffodill.

【注释】

1. 选自诗剧《辛西娅的欢宴》（1600），是回声女神厄科为美少年那喀索斯所唱的悼歌。回声女神曾是山林泉水女神之一，因爱恋那喀索斯遭拒绝，憔悴而死，留下她的叹息成为回声。而爱神为惩罚那喀索斯，使他爱上自己在水中的倒影，终于憔悴而死，死后变成水仙花。

慢，慢，清泉 [1]

慢，慢，清泉，随我咸泪一齐淌；
再慢些，呵，轻轻地，柔和的瀑布！
请听那音乐负荷的沉重的乐章，
当她歌唱时，悲哀哭号出和声部。

令花草凋谢；　　　　　　　　　　　5
让忧伤倾泻；
我们的美不属于我们。

呵，我情愿，
（像嵯峨山崖上渐渐消融的雪团，）

滴，滴，滴，滴，　　　　　　　　　10
既然天骄已化作一朵枯萎的水仙。

【评析】

　　这是一首戏剧抒情诗，诗中的发话人是回声女神。既然她所爱之人已死，美已消逝，她愿永远以身相殉，以泪相祭。诗中所用的意象都与女神的身份有关，如泉水、泪泉合奏的分声部的音乐、花草、山崖、雨雪等。倒数第二行的四个重复的"滴"既是对融雪渐沥下淌之态的状写，也是对回声的摹拟。

ROBERT HERRICK

罗伯特·赫里克

罗伯特·赫里克（1591—1674），保王党派（一译骑士派）诗人。于剑桥大学毕业后任神职。既写宗教诗也写爱情诗，风格细腻典雅。诗作多达一千二百首，结集为《金苹果园》。有人认为他是 17 世纪英国最优美抒情诗的作者。

To the Virgins, to Make Much of Time

I

Gather ye Rose-buds while ye may,
Old Time is still a-flying;
And this same flower that smiles today,
To morrow will be dying.

II

5   The glorious Lamp of Heaven, the Sun,
The higher he's a-getting,
The sooner will his Race be run,
And neerer he's to Setting.

III

That Age is best, which is the first,
10   When Youth and Blood are warmer;
But being spent, the worse, and worst
Times, still succeed the former.

IV

Then be not coy, but use your time;
And while ye may, goe marry;
15   For having lost but once your prime
You may forever tarry.

劝处女，珍惜时间

1

折取玫瑰花苞须趁早，
　　时光老人在飞翔；
这朵花儿今天还微笑，
　　明天也许就死亡。

2

太阳，天上的荣耀灯盏，　　　　　　　5
　　攀升得越到高处，
它的赛程就越快跑完，
　　也就越接近昏暮。

3

最早的年龄就是最好，
　　青春气血较温暖；　　　　　　　　10
浪费掉，就较糟糕，最糟
　　时候总接着前面。

4

那就别害羞，利用时机，
　　趁早及时，去嫁人；
一旦错失了韶华佳期，　　　　　　　　15
　　就可能耽误终身。

【评析】

　　古罗马诗人贺拉斯在《颂诗》第一卷第十一章中说："抓住今日（Carpe Diem），不要相信明天"，意在劝人注重当下，及时行乐，因为未来不可预测。后来这句话被广泛应用，以至成为传统文学母题之一，在 16、17 世纪英国爱情

诗中尤为流行。此诗即其中较典型的一例。其意蕴甚至意象都颇近似我国唐代女
诗人杜秋娘的《金缕衣》："劝君莫惜金缕衣，劝君惜取少年时；花开堪折直须折，
莫待无花空折枝。"

To Electra

I dare not ask a kisse;

   I dare not beg a smile;

Lest having that, or this,

   I might grow proud the while.

5   No, no, the utmost share

   Of my desire, shall be

Onely to kisse that Aire,

   That lately kissed thee.

【评析】

    滥情！——我们也许会说。但我们不必嘲笑作者，因为有过深陷情网经验的

致伊莱克特拉

我不敢要求一个吻；
　　我不敢乞讨一个笑；
生怕获得了恩准，
　　我会一时间变骄傲。

不，不，我的愿望　　　　　　　　　　5
　　充其量也只不过是
想亲亲那最近刚刚
　　亲过你嘴唇的空气。

人或许都会承认，诗人所表达的情感并不乏真实成分。

On Himselfe

Lost to the world; lost to my selfe; alone

Here now I rest under this Marble stone:

In depth of silence, heard, and seene of none.

【评析】

　　身为中国读者，我们会不由得想起陈子昂的《登幽州台歌》："前不见古人，后不见来者。念天地之悠悠，独怆然而涕下。"同是写孤独，陈诗与赫里克诗的意思却不大相同。陈诗悲哀不满，赫里克则安恬自足。

自 挽

相忘于世界，相忘于自我，孑然，
此时此地，我歇在这石碑下面：
在寂静深处，无人听见，和看见。

　　"相忘于世界，相忘于自我"，诗人想象自己死后葬身于墓穴之中的状态。悲乎？喜乎？其实"在寂静深处，无人听见，和看见"不啻一种享受。这种唯有在孤独中才能享有的切身的、"此时此地"的感受简直无法、也无须对人言说。人生碌碌，能得几回"歇"啊！那永久的安歇未尝不是令人向往之境。

Love Me Little, Love Me Long

You say, to me-wards your affection's strong;
Pray love me little, so you love me long.
Slowly goes farre: The meane is best: Desire
Grown violent, do's either die, or tire.

【评析】

　　诗人以物理类比人情，有理有情，入情入理，似是而非，似非而是。

爱我少些，爱我久些

你说，对于我，你的感情强烈；
求你，爱我少些，会爱我久些。
缓步行远：这法子最好。欲念
变狂躁，不是暴亡，就是厌倦。

GEORGE HERBERT

乔治·赫伯特

　　乔治·赫伯特（1593—1633），玄学派诗人。曾任剑桥大学学监、白默顿教堂教长。主要作品是宗教诗集《圣殿》。

The Pulley

When God at first made man,

Having a glasse of blessings standing by,

"Let us," said he, "poure on him all we can.

Let the worlds riches, which dispersed lie,

5   Contract into a span."

So strength first made a way;

Then beautie flow'd, then wisdome, honour, pleasure.

When almost all was out, God made a stay,

Perceiving that, alone of all his treasure,

10   Rest in the bottome lay.

"For if I should," said he,

"Bestow this jewell also on my creature,

He would adore my gifts instead of me,

And rest in Nature, not the God of Nature;

15   So both should losers be.

"Yet let him keep the rest,

But keep them with repining restlessnesse.

Let him be rich and wearie, that at least,

If goodnesse lead him not, yet wearinesse

20   May tosse him to my breast."

滑　轮 [1]

上帝造人的时刻，
旁边立着一只杯盛满祝福，
　"让我尽量向他倾注，"上帝说。
"让这世上散置各处的财富
　浓缩聚集于一握。"　　　　　　　　　　5

　于是力量先出发，
其次美、智慧、荣誉、快乐流出。
　即将倒尽的时候，上帝停下，
审视着留在杯子底部的剩余，
　他那仅有的精华。[2]　　　　　　　　　10

　"如果我竟然，"他说，
"把这珍宝也赐予我的创造物，
　他就会爱惜赠礼而不敬奉我，
就会依赖造化，而不信造化主；
　双方都将是损失者。　　　　　　　　15

　"就让他有其余财宝，
但拥有又同时抱怨不得休息。[3]
　让他富有而厌倦，这样至少，
若善行不能引导，厌倦也会
　把他抛向我怀抱。"　　　　　　　　20

【注释】

1. 选自作者死后出版的诗集《圣殿》，本诗是其中最著名的一首宗教诗。"滑轮"喻居于天国的上帝用以接引人类灵魂皈依的手段。

2. 当指长生不死。据《旧约·创世记》第三章第二十二节，亚当偷吃了禁果之后，上帝说："那人已经与我们相似，能知道善恶，现在恐怕他伸手又摘生命树上的果子吃，就永远活着。"于是把亚当逐出伊甸园。

3. 据《旧约·创世记》第三章第十七节，上帝诅咒亚当说："你必终身劳苦，才能从地里得吃的。"但诗人此处的意思是，即使他富有，他也还得为保有他的财富而忙碌操心。

【评析】

　　此诗中所设置的场景并非"圣经"中所有，而是诗人对"上帝待人之道"的独特理解和形象阐释。也可以说是他对人的宗教信仰的看法。人之所以皈依上帝，有多少是出于虔诚的信仰呢？人只有在失意的时候才会想起上帝。一旦得到满足，"他就会爱惜赠礼而不敬奉我"。而世俗的富有永远不会让人满足，只能让人心生厌倦。上帝呢，为了让人敬奉他，不得不留了一手。诗人虽然只作客观的戏剧性呈现，但笔下似隐隐流露出对人性的慨叹和对宗教的讽刺。

JOHN MILTON

约翰·弥尔顿

约翰·弥尔顿（1608—1674），17 世纪英国伟大诗人。出身富商家庭。幼年即显露语言天赋，少年时通晓大部分欧洲语言乃至希伯来语。于剑桥大学获文学硕士学位。毕业后放弃神职，仍刻苦自学，几乎遍读当时英文、拉丁文、希腊文和意大利文书籍。被认为是英国历代文学家中学识最渊博者。1640—1660 年间，主要从事政治活动，曾出任克伦威尔共和政府拉丁文秘书，撰写大量政论文章，为资产阶级革命辩护。由于积劳成疾，于 1652 年双目失明。两度丧妻。王政复辟后又遭迫害。晚年在困境中以口授方式创作出三部旷世杰作：史诗《失乐园》、《复乐园》和悲剧《力士参孙》。《失乐园》被认为是英语文学中最伟大的史诗，在世界文学之林中堪与荷马和维吉尔的杰作比肩。在英国文学史上，弥尔顿的地位长期以来仅次于莎士比亚。

On His Blindness

When I consider how my light is spent

E're half my days, in this dark world and wide,

And that one Talent which is death to hide

Lodg'd with me useless, though my Soul more bent

5　To serve therewith my Maker, and present

My true account, lest He returning chide, —

"Doth God exact day-labour, light deny'd?"

I fondly ask; — But Patience, to prevent

That murmur, soon replies, "God doth not need

10　Either man's work, or His own gifts; who best

Bear His milde yoak, they serve Him best. His State

Is Kingly; thousands at His bidding speed

And post o'er Land and Ocean without rest: —

They also serve who only stand and waite."

【注释】

1. 此诗是弥尔顿十四行诗集中的第 16 首，作于 1652 年。弥尔顿于是年双目完全失明。

2. 此处有一译文无法表达的双关语，也是一个典故。即"一锭……白银"一词原文为"talent"，此词原指古希腊、亚述等地通用的一种重量和货币单位，后又衍生出"才能"之意。《新约·马太福音》第二十五章第十四至三十节讲

哀失明 [1]

考虑到在这黑暗无边的世界里，

　　我一生尚未过半，光明已耗尽，

　　那一锭藏起就等于死亡的白银 [2]

　　于我已无用，虽然我的心更愿意

用它来为我的主人效劳，并呈献　　　　　　　　　5

　　真实的帐目，以免他回来时斥责，

　　我愚蠢地发问："上帝让日间劳作，

　　却不给光亮？"但耐心为制止这怨言，

立时就予以回答，"上帝不需求

　　人的工作或他自己所赐；谁最能　　　　　　　10

　　承受他温和约束，就效劳得最好。

他至高无上。众天使奉旨令奔走，

　　在陆地和海洋之上不休地急行；

　　那些仅伫立待命者也是在效劳。"

述了这样一则寓言故事：主人行将出远门，把三个仆人找来，分别给他们若干 talent（银子），让他们料理家业。主人回来后，对用钱做买卖盈利了的两个仆人大加褒奖，对另一个怕亏本、把仅有的一 talent（银子）埋在地下的仆人则予以惩罚，把他"丢在外面的黑暗里"去了。弥尔顿借此说明，有才能的人应该发挥才能，哀叹自己的写作才能因失明而无法施展。

【评析】

　　按照规则，意大利式十四行体一般分为上八行、下六行两阕，上八行提供一段叙述、疑问或假设，下六行予以评论、解答或应用。但是弥尔顿常常不遵守这种严格规定，他喜欢把上下两阕之间的转折取消，因此他所作的十四行诗被称为"弥尔顿式十四行诗"。然而在这首诗里，转折的痕迹仍可辨认，只不过在八、九行之间使用了"跨行"（跨行是弥尔顿喜用的手法，这种手法在全诗中的频繁使用加强了忧思不断、痛苦缠绵的效果），从而使上下两阕的分界模糊了。从内

容来看，前七行半是写失明造成的痛苦和焦虑。想到尚有半生未过，自己的文学才能便从此不得发挥，诗人不由得抱怨起上帝的不公。后六行半是自制和自慰。诗人以极大的理智和勇气告诫自己要忍耐，并劝解自己说上帝毕竟公允，"天生我材必有用"，因为"那些仅伫立待命者也是在效劳"。实际上，诗人并没有消极等待，让自己的才能荒废无用，而是终于凭着惊人的毅力和才华，以口授方式写出了"为上帝待人之道辩护"的《失乐园》、《复乐园》和《力士参孙》，为上帝效了劳，也给人类奉献了真正的价值。

On His Deceased Wife

Methought I saw my late espoused Saint

    Brought to me like *Alcestis* from the grave,

    Whom *Joves* great Son to her glad Husband gave,

    Rescu'd from death by force, though pale and faint.

5   Mine as whom washt from spot of child-bed taint,

    Purification in the old Law did save,

    And such, as yet once more I trust to have

    Full sight of her in Heaven without restraint,

    Came vested all in white, pure as her mind:

10   Her face was vail'd, yet to my fancied sight,

    Love, sweetness, goodness, in her person shin'd

So clear, as in no face with more delight.

    But O, as to embrace me she enclin'd

    I wak'd; she fled; and day brought back my night.

【注释】

1. 此诗作于 1658 年（一说 1656 年），是弥尔顿十四行诗集中的第 19 首。

2. 基督教徒相信有福选民的灵魂（saint）与上帝和天使居于九重天上的天国。此处曾与诗人配偶的灵魂何指，论者说法不一。有人认为系指诗人的第一任妻子玛丽·鲍威尔，她于 1652 年死于难产，是年正值诗人双目完全失明。有人则认为系指诗人的第二任妻子凯瑟琳·伍德科克，但她与诗人结婚不到两年就于 1658 年因难产去世，诗人很可能从未看见过她的容貌。

3. 阿尔刻提斯是古希腊神话传说中弗赖国王后。国王阿德墨托斯身患不治之症，命运女神经太阳神说情允许他人代死，于是阿尔刻提斯自愿代夫去死，但被

梦亡妻 [1]

我仿佛看见我已故配偶的灵魂 [2]

　前来，像阿尔刻提斯 [3] 出自坟墓，

　天帝的骄子从死神手中解救出，

　交给她欣喜的丈夫，虽苍白而眩晕。

我妻，一如洗去了产后的污渍，　　　　　　　　5

　为古老律法的净化仪式 [4] 所挽救，

　一如我相信在天国还能够再度

　无拘无束地完全看清的样子， [5]

浑身素裹，像她的心灵般洁白。

　她纱巾遮面，但在我想象的眼界　　　　　　10

　她闪着挚爱、甜美、善良的光辉，

那么清明，面带着无比的欢悦。

　可是啊，正当她俯身要抱我之时，

　我醒了，她跑了，白天带回我的夜 [6]。

大力士赫拉克勒斯（"天帝的骄子"）从死神处救出，交还给她的丈夫。在欧里庇德斯的悲剧《阿尔刻提斯》中，当时她头戴面纱，不得开口说话，直到经仪式净化之后才能被人间重新接纳。下文中"faint"一词因此可有多重含义，一为因虚弱而眩晕，一为因面纱盖头而朦胧，都切合阿尔刻提斯刚从阴间地府中还阳的状态。

　4.《旧约·利未记》第十二章有关于女人产后净化仪式的明文规定，属古希伯来人的律法。

　5. 失明者死后升入天国后就恢复了原有视觉。

　6. 我的夜：指诗人的失明状态。

【评析】

　　此诗很可能是根据诗人的真实经验而作的。弥尔顿与第一任妻子感情不合，曾长期分居，欲离婚而未果，而与第二任妻子感情甚笃，却相守不久。而且前者去世已久，后者则新近往生，故诗人梦见后者的可能性更大些。

　　人在极度失意的时候容易幻想，甚至迷信，以求在心理上有所补偿。诗人思念亡妻心切，夜有所梦，再自然不过，但转译成诗，则是对梦的解说了。其中虽杂糅引征了基督教和异教的信仰和传说，却也不失贴切生动。首先，"saint"一词暗示亡妻已上升天国，但紧接着却把她与来自地府的阿尔刻提斯相比。然而，出处不是重点，重点在于，两位妻子同样具备"挚爱、甜美、善良"的美德，同样给生离死别的丈夫带来无比的"欣喜"。"我妻"虽同样"纱巾遮面"（可能暗示诗人从不清楚爱妻的长相），但已经犹太古法净化，内外洁净，宛如新嫁娘一般模样。在诗人的梦中和心目中，她的形象是那么清晰、光彩，然而随着白昼到来，梦醒时分，她不见了踪影，诗人又陷入失明的"黑夜"之中。

此诗虽用了一些比喻，但情感真挚，非一般为博取爱欲对象欢心的夸饰之作可比，因为死人无需被取悦。

ANDREW MARVELL

安德鲁·马韦尔

安德鲁·马韦尔（1621—1678），玄学派诗人，曾在克伦威尔统领下的共和国国会任拉丁文秘书弥尔顿的助手。

To His Coy Mistress

Had we but World enough, and Time,

This coyness, Lady, were no crime.

We would sit down and think which way

To walk, and pass our long Loves Day;

5　　Thou by the *Indian Ganges* side

Shouldst Rubies find; I by the Tide

Of *Humbe*r would complain. I would

Love you ten years before the Flood;

And you should, if you please, refuse

10　　Till the Conversion of the *Jews*.

My vegetable Love should grow

Vaster than Empires, and more slow.

An hundred years should go to praise

Thine Eyes, and on thy Forehead gaze;

15　　Two hundred to adore each Breast,

But thirty thousand to the rest;

An Age at least to every part,

And the last Age should show your Heart.

For, Lady, you deserve this State,

20　　Nor would I love at lower rate.

But at my back I alwaies hear

Times wingèd Chariot hurrying near;

And yonder all before us lye

Deserts of vast Eternity.

25　　Thy Beauty shall no more be found,

致羞怯的女友

只要是我们有足够的时空，
这羞怯，女人啊，就不算罪咎。
我们会坐下来，考虑到何处
去散步，且消磨恋爱的永昼。
你可以在印度恒河边找寻　　　　　　　　　　　5
红宝石；[1] 我会在亨伯河[2]之滨
幽幽怨怨地吟诗。我情愿
爱你到大洪水爆发的十年前，
你可以拒绝，只要你乐意，
一直到犹太人也全都皈依。[3]　　　　　　　　10
我的爱就好像植物般生长
比帝国长得更缓慢更宽广；
要花费一百年之久来赞美
你的眼，把你的额头凝视；
两百年来崇拜每一只乳房，　　　　　　　　　15
而要用三万年在其余地方；
每一个部分至少用一时代，
最后一时代应展现你心怀。
因为，女人啊，你应得这尊奉，
我也不情愿爱得失准绳。　　　　　　　　　　20

可是在身后我总是听闻
时光的飞车正急急迫近；
而我们前方横亘的全是
广袤而永恒的沙漠戈壁。
你的美貌将无处可寻找；　　　　　　　　　　25

Nor, in thy marble Vault, shall sound

My echoing Song; then Worms shall try

That long preserv'd Virginity,

And your quaint Honour turn to dust,

30　　And into ashes all my Lust.

The Grave's a fine and private place,

But none I think do there embrace.

　　Now therefore, while the youthful hew

Sits on thy skin like morning dew,

35　　And while thy willing Soul transpires

At every pore with instant Fires,

Now let us sport us while we may;

And now, like am'rous birds of prey,

Rather at once our Time devour,

40　　Than languish in his slow-chapt pow'r.

Let us roll all our Strength, and all

Our sweetness, up into one Ball;

And tear our Pleasures with rough strife

Thorough the Iron gates of Life.

45　　Thus, though we cannot make our Sun

Stand still, yet we will make him run.

【注释】

1. 据说红宝石有守护童贞之效。

2. 亨伯河是流经马韦尔家乡赫尔的一条河。

3. 基督教传说,世界末日到来之前,将有大洪水大破坏,犹太人才皈依基督教。

你的墓穴里也不再萦绕

我歌声的余韵；蛆虫将尝试

那长久保存的童贞标志；

你高傲的[4]节操将变成尘埃，

我的欲望也全都变死灰：　　　　　　　　　　30

坟墓是精致而幽僻的地方，

但无人在那里拥抱，我想。

　所以现在，趁青春颜色

在你的皮肤上像朝露[5]附着，

趁你情愿的灵魂从每处　　　　　　　　　　35

毛孔随立燃的欲火喷出，

我们且行乐，趁我们还行，

现在，就好像发情的猛禽，

宁可一下子把时光吞掉，

也不要没胃口慢咽细嚼。　　　　　　　　　　40

让我们把全身力气和满满

甜蜜揉捏成一粒弹丸，

用暴力裹挟着快乐阵阵

轰破生活的重重铁门：[6]

就这样，我们虽无法让太阳　　　　　　　　　　45

静立，[7]但将会让它奔忙。

---

4. 原文"quaint"含有多义：优雅、精致、古怪、过时、过度细致、令人厌恶等，亦与中古英语名词"queynte"（女阴）双关。

5. "dew"：另有抄本作"glew"（胶）。据说马韦尔痴迷于炼金术，而熬胶与炼金相似。

6. "gates"：另有抄本作"grates"（栅门），古代西方城堡多装有铁制栅门。攻城器械则有抛石机，可发射巨大球形弹丸。此处描写有性活动暗示。

7. 古希腊传说，主神宙斯骗奸底比斯王后阿尔克墨涅，为延长良宵而命令太阳止步。古希伯来传说，约书亚率以色列人与亚摩利人交战，祈求上帝耶和华让日月停留，白昼延长。我国也有鲁阳挥戈止日的传说。

【评析】

此诗是英诗中演绎"抓住今日"（Carpe Diem）主题最著名的一首，但也有论者认为也许是对这一传统的讽刺性戏仿。

　　用似是而非似非而是的歪理邪说连蒙带吓，诱哄爱欲对象委身屈就，献出童贞，这是典型的玄学诗做派。其中所用比喻也兼具夸张、双关等效果，具有玄学奇喻（conceit）的特点。而玄学诗最大的特点是其逻辑推论过程之严密，且不论其前提和结论正确与否。第一段让步，统统是与事实相反的假设、大话，意在否定：其实我们没有时间可以等；第二段反论，同样是假设，设想未来的可能性：如果不抓紧就会如何如何，极尽恐吓之能事；第三段合论，所以应该立即行动，不要浪费时间。

The Mower to the Glo-Worms

I

Ye living Lamps, by whose dear light
The Nightingale does sit so late,
And studying all the Summer-night,
Her matchless Songs does meditate;

II

5   Ye Country Comets, that portend
No War nor Prince's funeral,
Shining unto no higher end
Than to presage the Grasses fall;

III

Ye glo-worms, whose officious Flame
10 To wandering Mowers show the way,
That in the Night have lost their aim,
And after foolish Fires do stray;

IV

Your couteous Lights in vain you waste,
Since Juliana here is come,
15 For She my Mind hath so displac'd
That I shall never find my home.

【评析】

这也是一首抒写痴恋情感的夸饰之作。写法类似我国的"兴"。前三节作为

割草人致萤火虫

1

你们，活灯笼，借你们宝光，

夜莺在夏天的所有深夜，

都深宵不眠地苦思冥想，

钻研着她无与伦比的歌；

2

你们，乡野扫帚星，不预告　　　　　　　5

战祸，也不报王侯的丧葬，

并不为崇高的目的照耀，

只预示草木的凋萎枯黄；

3

你们，萤火虫，好意的光亮

为彷徨割草人照明道路：　　　　　　　10

他们在夜里迷失了方向，

跟着点点的鬼火到处走；

4

你们白费了殷勤的光焰，

只因为朱丽亚娜已来了；

她把我挑弄得神迷意乱，　　　　　　　15

回家之路我再也找不到。

铺垫，写萤火虫的光亮的作用，最后一节落到主旨上：当爱情之光降临，萤火虫的微光便失去了作用。

ALEXANDER POPE

亚历山大·蒲柏

亚历山大·蒲柏（1688—1744），新古典主义重要诗人。成名颇早，但由于出身天主教家庭而绝望仕途，终生致力于文学。以诗体文论《批评论》和史诗《群愚记》等著称。

Ode on Solitude

Happy the man, whose wish and care

　　A few paternal acres bound,

Content to breathe his native air

　　　　In his own ground.

5　　Whose herds with milk, whose fields with bread,

　　Whose flocks supply him with attire;

Whose trees in summer yield him shade,

　　　　In winter fire.

Blest, who can unconcern'dly find

10　　　　Hours, days, and years slide soft away

In health of body, peace of mind,

　　　　Quiet by day,

Sound sleep by night; study and ease

　　Together mix'd; sweet recreation,

15　And innocence, which most does please

　　　　With meditation.

Thus let me live, unseen, unknown;

　　Thus unlamented let me die;

Steal from the world, and not a stone

20　　　　Tell where I lie.

隐居颂 [1]

那种人幸福啊，愿望和心思
　　系挂着几亩祖传的田产，
满足于呼吸乡土的空气，
　　　　在自己的地面。

牛群供乳汁，庄稼供食粮，　　　　　　　　5
　　他的羊群供给他衣着；
树木为他在夏季遮凉，
　　　　在冬天生火。

有福啊，他能够无忧地觉得
　　时辰、昼夜和岁月流逝，　　　　　　　10
而身体健康，心意平和，
　　　　白天里闲适，

黑夜里酣眠；学习和安逸
　　一张一弛；怡然的娱乐，
天真的情怀，再加上冥思　　　　　　　　15
　　　　最令人快活。

就这样让我活，无人见，无人知；
　　就这样让我死，无人哀哭；
悄然离世，不需要碑石
　　　　昭告我长眠处。　　　　　　　　　20

【注释】

　　1. 又题作《恬静的生活》（*The Quiet Life*）。蒲柏自称此诗是他十二岁时所作。其中无疑套用了古罗马诗人贺拉斯《颂诗二》中"有福的是那远离忧烦之人"等诗句。

【评析】

　　既是少年模仿之作，那就不一定是由衷之言。但我们不必拘泥于这一背景。

仅就诗而论，它不失为一种人生理想的优美表达。这种远离尘嚣、避世隐居的理想在英国，一如在我国，有着悠久的传统。然而在现实世界，这种桃花源式的理想恐怕绝难实现。

此诗美则美矣，境界却不算太高。物质上相当丰足，皆承自祖传，而非自食其力。有产而能无忧，必然有众奴帮佣，唯图一己之安逸。倘能如此生活，不求闻达，亦不足贵。

WILLIAM BLAKE

威廉·布雷克

威廉·布雷克（1757—1827），又译布莱克。诗人、版画家。家道清贫，一生以刻版画为生。主要作品有《天真之歌与经验之歌》、《弥尔顿》、《耶路撒冷》等。生前诗名少为人知，直到20世纪，人们才真正认识到他的伟大。他的诗歌和绘画艺术不仅开浪漫主义先河，更成为象征主义和神秘主义的典范。

Never Pain to Tell Thy Love

Never pain to tell thy love
Love that never told be,
For the gentle wind does move
Silently, invisibly.

5　　　I told my love, I told my love,
I told her all my heart,
Trembling, cold, in ghastly fears—
Ah, she doth depart.

Soon as she was gone from me
10　　　A traveller came by
Silently, invisibly—
O, was no deny.

【注释】

1. 选自 1957 年出版的《诗全集》中的手稿部分，约作于 1793 年。一般有两种版本，另一种最后一行作"他叹一声把她领走"，似不及此处所选本为佳。

【评析】

爱是一种心意，如道、如禅、如上帝、如风，无处不在，却无迹可求；爱是一种行为，一种实修，只可体验，不可言传，说出来便面目全非。正如自称有德

不要试图告诉你爱人 [1]

不要试图告诉你爱人
那无法诉说的爱意；
因为轻柔和风在拂动，
无声无息，无形迹。

我告诉过爱人，我告诉过爱人，　　　　　　　　　5
我告诉过她全部心意，
发抖，发冷，怀着惊恐——
啊，她离我而去。

她刚刚从我身边离去，
一过客从此经过，　　　　　　　　　　　　　　10
无声无息，无形无迹——
哦，没遭到拒绝。

的人并非真有德，大谈爱情的人也非真爱。真正的爱应是自然的、无私的、不求回报的，如风吹草木，日照大地。有意向人诉说爱情的人，不是出于虚荣，便是出于冀求回报的私心，至少潜意识如此。因此，这不免令接受者感到欠情的惶恐和意识到并非真爱的失望。此诗发言者即以"亲身经历"为据，告诫人们"不要试图告诉你爱人　/　那无法诉说的爱意"。最后一节出现的过客是谁？为什么他是不可拒绝的？"无声无息，无形无迹"——此行与第一节末行的重复暗示着这位过客与那柔风的认同，这就给此诗平添一笔神秘色彩。爱是神秘的。

Holy Thursday [I]

'Twas on a Holy Thursday, their innocent faces clean,
Came children walking two and two, in red, and blue, and green:
Grey-headed beadles walked before, with wands as white as snow,
Till into the high dome of Paul's they like Thames waters flow.

5   Oh what a multitude they seemed, these flowers of London town!
Seated in companies they sit, with radiance all their own.
The hum of multitudes was there, but multitudes of lambs,
Thousands of little boys and girls raising their innocent hands.

Now like a mighty wind they raise to heaven the voice of song,
10 Or like harmonious thunderings the seats of heaven among:
Beneath them sit the aged men, wise guardians of the poor.
Then cherish pity, lest you drive an angel from your door.

【注释】

1. 此诗选自《天真之歌》（1789）。神圣星期四指复活节后四十天的星期四，又译耶稣升天节。基督教国家在这天通常要举行庆祝活动。

2. 伦敦慈善学校的小学生们，多为穷人的子弟和孤儿。

3. 基督教喻上帝为牧人，他的子民为羔羊。又喻教士为牧人，教徒为羔羊。故第三行教区领队手执指挥棒（权杖）即象征牧人。

4. 指教士们。

5. 基督教传说，天使有时变化成穷人私访人间，缺乏怜悯心的人往往当面错过。此处则把穷人的孩子比做下凡的天使。

神圣星期四（一）[1]

在神圣星期四这天，孩子们[2]纯真的脸蛋光鲜，
他们成双成对地走来，穿红、穿绿、穿蓝；
白头的教区领队走在前，手持雪白的指挥棒，
直到像泰晤士河水涌进圆顶的圣保罗教堂。

啊，多么好看的一群，这些伦敦城花朵！   5
他们团团地聚坐着，旁若无人，光彩四射。
一片窸窸窣窣的嘈杂声，却是一群群羔羊，[3]
成千上万个小男孩、小女孩举起纯真的手掌。

此刻，他们朝天国扬起歌喉，像一阵大风，
又像和谐交响的雷鸣在天堂的座位间翻腾。   10
他们的脚下坐着长老们——穷人的睿智保护人。[4]
那就请珍惜怜悯心，免得把天使逐出家门。[5]

【评析】

　　诗人以旁观者的口吻描绘了一幅伦敦社会生活的风俗画：在神圣星期四，人们举行宗教活动庆祝耶稣升天。慈善学校的孩子们被组织起来到圣保罗大教堂里去唱赞美诗。他们是"多么好看的一群"：花衣招展，脸蛋光鲜，一派天真烂漫，而他们的歌声却似大风、雷鸣，直升天庭。这景象不能不让观者感动：这些穷人的孩子，难道不都是下凡的天使、上帝的羔羊？最后诗人直接介入，发出劝诚："那就请珍惜怜悯心，免得把天使逐出家门。"

Holy Thursday [II]

Is this a holy thing to see,

In a rich and fruitful land,

Babes reduced to misery,

Fed with cold and usurous hand?

5　Is that trembling cry a song?

Can it be a song of joy?

And so many children poor?

It is a land of poverty!

And their sun does never shine,

10　And their fields are bleak & bare,

And their ways are fill'd with thorns;

It is eternal winter there.

For where-e'er the sun does shine,

And where-e'er the rain does fall,

15　Babe can never hunger there,

Nor poverty the mind appall.

【注释】

1. 此诗选自《经验之歌》（1794）。

【评析】

据说布雷克受源于犹太教的基督教卡巴拉秘学的影响，持阴阳善恶对应的二元论世界观。他的诗集《天真之歌》和《经验之歌》即相互对应的姊妹篇，其中

神圣星期四（二）[1]

在一个富裕丰产的国度，
眼看婴儿们陷入了惨境，
由那高利贷冷手来喂养，
难道这是桩神圣的事情？

那颤抖的啼哭可是歌声？　　　　　　　5
那能是一首欢乐的歌曲？
为何会有这么多穷孩子？
因为这是个贫穷的国度！

他们的太阳从来不照耀，
他们的田野荒凉又阴冷，　　　　　　　10
他们的道路布满了荆棘；
那里是永恒无尽的寒冬。

在哪里真正有太阳照耀，
在哪里真正有雨水洒落，
那里的婴儿才不会挨饿，　　　　　　　15
贫穷也不会把心灵恫吓。

篇什大都内容相互反对，一为天真无知的乐观姿态，一为经验世故的悲观姿态。
此诗即前面的同题诗的对应篇。诗人在这里揭露了前诗所描写的慈善景象外表下
的实质——所谓慈善，实际上是放高利贷；所谓繁荣，实际上是贫困；所谓欢歌，
实际上是悲哭。同样的现实，因观感不同，就会得出对真实的不同反映。真理是
主观的，这是神秘主义的认识论。

The Sick Rose

O rose, thou art sick!
　　The invisible worm,
That flies in the night,
　　In the howling storm,

5　　　　Has found out thy bed
　　Of crimson joy,
And his dark secret love
　　Does thy life destroy.

【注释】

1. 此诗选自《经验之歌》（1794）。

【评析】

这首诗常常被精神分析派评论家理解为关于性的象征作品。这种理解未尝不

病玫瑰 [1]

玫瑰啊，你病啦！
　咆哮的风雨里，
黑夜里飞行的
　看不见的虫子

发现了你的床，　　　　　　　　　　　5
　有殷红的快乐；
他阴暗的爱情
　把你的命毁灭。

可，但我们也可以仅从字面上理解：害虫蛀坏了玫瑰花；或者更广泛地引伸：自私的行为会给别人带来痛苦，甚至谋财害命。布雷克的另一首小诗《永恒》中的两句或许可以在此意义上为《病玫瑰》作注脚："尽力为自己攀折快乐的人　/　实际上把长翅的生命摧毁"。

　　总之，诗无达诂，尤其是象征主义诗作，更是仁者见仁，智者见智了。

ROBERT BURNS

罗伯特·彭斯

　　罗伯特·彭斯（1759—1796），出生于苏格兰一个虔诚的农民家庭。为生计所迫，少年时就随父亲下地，干成年人的活。他从未受过正规教育，但通过刻苦自学获得了文学、宗教、政治和哲学等方面的丰富知识。15岁时开始恋爱和写诗。1786年出版第一部诗集《主要用苏格兰方言写作的诗》，一举成名，被誉为"天才农夫"和"卡里多尼亚〔苏格兰〕吟唱诗人"。这部诗集犹如一股清新的乡野之风骤然吹入笼罩着新古典主义沉沉暮气的英国诗坛。诗人继承苏格兰民间口头文学和苏格兰中世纪方言文学的优秀传统，在题材、体式、措辞等方面大量借鉴前人并加以改进，形成了自己独特的风格。

　　1788年，彭斯谋到一个税务官职务，于是携妻子在邓弗里斯镇附近乡间定居。空闲时间从事搜集和整理民间歌谣的工作。在他生命的最后9年中还编写了三百多首抒情歌谣。一般认为，这些用真正的普通人民大众口语写成的民歌体抒情诗标志着英国田园抒情诗复兴的开端，彭斯也因而确立了"先浪漫主义"重要诗人的历史地位。

Of A' the Airts the Wind Can Blaw

Of a' the airts the wind can blaw,
　I dearly like the west,
For there the bonie lassie lives,
　The lassie I lo'e best:
5　There's wild-woods grow, and rivers row,
　And mony a hill between:
But day and night my fancy's flight
　Is ever wi' my Jean.

I see her in the dewy flowers,
10　I see her sweet and fair:
I hear her in the tunefu' birds,
　I hear her charm the air:
There's not a bonie flower that springs,
　By fountain, shaw, or green;
15　There's not a bonie bird that sings,
　But minds me o' my Jean.

【注释】

　1. 此诗作于 1788 年，从邓弗里斯郡寄给位于西方的艾尔郡的新婚妻子吉茵·阿莫尔。

在风吹到的所有方向里 [1]

在风吹到的所有方向里，
　我最喜爱的是西方，
因为有美丽姑娘住那里；
　我最最心爱的姑娘：
有森林绵延，有河水流淌，　　　　　　　5
　还隔着那道道山脊，
但我的幻想日夜里飞翔，
　常和我吉茵在一起。

我在露湿的花丛中看见，
　看见她甜蜜又漂亮；　　　　　　　　10
我在婉啭的鸟鸣中听见，
　听见她迷人的歌唱：
每一朵美丽的鲜花开放
　在泉边、草地或树林，
每一只美丽的鸟儿歌唱　　　　　　　　15
　都让我想起我吉茵。

【评析】

　　极写对远方爱人的思念，同时处处提及爱人的美丽。花、鸟、树林、河流、山脊、草地等都是乡村常见的美好景象，用作装饰显得既花哨又自然。语言也是直截了当，美丽就是美丽，迷人就是迷人，心爱就是心爱。这就是民歌。

A Red Red Rose

O my luve is like a red, red rose,
That's newly sprung in June;
O my luve is like the melodie,
That's sweetly play'd in tune.

5   As fair art thou, my bonie lass,
So deep in luve am I;
And I will luve thee still, my dear,
Till a' the seas gang dry.

Till a' the seas gang dry, my dear,
10   And the rocks melt wi' the sun:
O I will luve thee still, my dear,
While the sands o' life shall run.

And fare thee weel, my only luve,
And fare thee weel a while!
15   And I will come again, my luve,
Tho' it were ten thousand mile!

【注释】

1. 此诗发表于 1796 年。

一朵红红的玫瑰 [1]

我爱人像一朵红红的玫瑰哟，
　　六月里刚刚绽开；
我爱人像一支美妙的曲子哟，
　　演奏得合调合拍。

你长得漂亮，我可爱的姑娘，　　　　　　5
　　我把你深深迷恋；
我要永远地爱着你，亲爱的，
　　直到海水全变干。

一直到海水全变干，亲爱的，
　　石头被太阳晒化：　　　　　　　　　10
我要永远爱着你哟，亲爱的，
　　只要生命还漏沙。 [2]

道一声珍重，我唯一的爱人，
　　暂时道一声珍重！
我还会回来的，我的爱人哟，　　　　　15
　　哪怕是万里路程！

---

2. 比喻生命如沙漏里的沙子，漏完为止。

【评析】

　　法国诗人热拉尔·德·奈瓦尔说："第一个把女人比做玫瑰的男人是诗人，第二个是弱智。"不知道彭斯是第几个，但他这首诗就好像是第一次这样做的。不像文人诗那样注重独创性，民歌体抒情诗不避，或者说不知避陈腔滥调熟语俗套，就好像乡下人头戴城里人不稀罕的廉价饰品，自有别样风情一般，程式化的表达方式加上一咏三叹的简单重复倒也自有感人的力量。也许对于我国读者，海枯石烂这样的誓词早已是司空见惯的陈词滥调，不再具有最初的新鲜感，但在这首诗里，却显得自然而然，并不觉得夸张做作。无疑，这与情感的真伪有关，那么，与作品的体裁、作者的身份及所处时代、地方是否也有关呢？

O, Wert Thou in the Cauld Blast

O, wert thou in the cauld blast
    On yonder lea, on yonder lea,
My plaidie to the angry airt,
    I'd shelter thee, I'd shelter thee.
5   Or did misfortune's bitter storms
    Around thee blaw, around thee blaw,
Thy bield should be my bosom,
    To share it a', to share it a'.

Or were I in the wildest waste,
10   Sae black and bare, sae black and bare,
The desert were a paradise,
    If thou wert there, if thou wert there.
Or were I monarch o' the globe,
    Wi' thee to reign, wi' thee to reign,
15   The brightest jewel in my crown
    Wad be my queen, wad be my queen.

【注释】

1. 此诗作于 1796 年，发表于 1800 年。

【评析】

同甘苦，共命运是此诗所要表达的爱情理想。发言者的口吻热烈、直率、夸

哦，假如你在那寒风里 [1]

哦，假如你在那寒风里，
　　在遥远牧场，在遥远牧场，
用花呢披肩迎愤怒风口，
　　我为你遮挡，我为你遮挡。
假如厄运的凄风和苦雨　　　　　　　　　　5
　　围着你怒吼，围着你怒吼，
你的藏身处就是我怀抱，
　　任你全占有，任你全占有。

假如我在蛮荒的原野上，
　　黑暗又枯寂，黑暗又枯寂，　　　　　　10
那荒漠就好似一座乐园，
　　有你在那里，有你在那里。
假如我主宰全球的领土，
　　与你共享有，与你共享有，
我王冠上头最亮的珍珠　　　　　　　　　　15
　　就是我王后，就是我王后。

张，每行双数的叠句又增加了坚定语气的效果。结构整齐对称，不仅形式上如此，内容上也如此：前一节是关于"你"的假设，后一节是关于"我"的假设；前一节写苦难，后一节写幸福；前一节语调低沉，后一节语调高昂。这些都是民歌体抒情诗常有的特点。

WILLIAM WORDSWORTH

威廉·渥兹渥斯

威廉·渥兹渥斯（1770—1850），又译华兹华斯，浪漫主义重要诗人。曾就读于剑桥大学。受法国启蒙运动思想家卢梭"回归自然"思想影响，好游览山水，崇尚朴素的乡村生活，开英国自然（山水）诗之风气，与柯尔律治合著《抒情歌谣集》（1798），提出用日常口语写诗，注重情感的自然流溢和想象力的创造性能等创作原则，标志着浪漫主义运动的开端。代表作有长诗《序曲》、组诗《露西》等。被认为是最具英国本土特色的诗人之一，深受英国读者喜爱。1843年被英国皇家封为桂冠诗人。

My Heart Leaps Up

My heart leaps up when I behold
    A rainbow in the sky:
So was it when my life began;
So is it now I am a man;
So be it when I shall grow old,
    Or let me die!
The Child is father of Man;
And I could wish my days to be
Bound each to each by natural piety.

5

【注释】

1. 此诗作于 1802 年 3 月 26 日，发表于 1807 年《诗集》中。

2. 据《旧约·创世记》，彩虹是天父上帝与人类订约的标志。但此处也许不过是指一种自然现象。

3. 此句很可能从弥尔顿的《复乐园》中"早晨预示一天，童年预示成年"一句化出。

4. 继续发挥第七行的思想：即每一个"今天"都是"昨天"的孩子，都应孝敬"昨天"。

我的心就跳起 [1]

每当我看见天上的彩虹 [2] 时，

　我的心就跳起：

我生命开始的时候如此，

我现在成人的时候如此，

我将来老了的时候也如此，　　　　　　　　　5

　否则，不如死！

儿童是成人的父辈； [3]

我也许能指望一生的日子

都由天然的孝心 [4] 逐一维系。

【评析】

　　以前西方人对无人居住的自然地区的一般感觉是：陌生、恐怖。当代英国诗人唐纳德·戴维认为，是英国诗歌，更确切地说，就是渥兹渥斯最先发现了大自然中的美和神性。此诗就好像是在宣告这一伟大发现。当大自然的美和神秘突现在眼前时，诗人便自发地、由衷地产生一种想要与之亲近、与之契合的欣悦之情。诗人进而指出，这种感情是与生俱来的，是生命的律动，"否则，不如死！"那么，为能一辈子保持这种先天的感情，保持一颗活泼的童心，就应当日日对它怀着虔敬，像孝顺父亲那样向儿童看齐，因为这种感情在儿童时代最纯真、最灵敏。这种自然自觉的心态才最接近宗教的本质。

She Dwelt among the Untrodden Ways

She dwelt among the untroddden ways
　　Beside the springs of Dove,
A Maid whom there were none to praise
　　And very few to love;

5　　A violet by a mossy stone
　　　Half hidden from the eye!
　　—Fair as a star, when only one
　　　Is shining in the sky.

She lived unknown, and few could know
10　　When Lucy ceased to be;
But she is in her grave, and oh,
　　The difference to me!

【注释】

1. 此诗是《露西》组诗之一，作于 1799 年，发表于 1800 年。露西是一位女子的名字。其事迹不详。也不能确定是否实有其人。

【评析】

诗人写作此诗时正旅居德国，思乡心切。英格兰有数条河都名叫鸽河，其中

她住在鸽河源泉近旁 [1]

她住在鸽河源泉近旁
　　人迹罕至的路边，
　一个女孩，没有人赞赏，
　　也很少有人爱怜；

　生苔石畔一朵紫萝兰，　　　　　　　　　　5
　　半隐半现人不识！
　——明艳如星，孤身孑然
　　在天空闪烁之时。

　她生也无闻；谁人又知
　　露西何时弃世间；　　　　　　　　　　　10
　但是她现在墓穴中，噫，
　　于我是何等巨变！

一条在诗人的故乡湖区。露西可能是湖区的一位普通的女孩儿，也可能是诗人想象中的乌有小姐。关于其身份，历来有许多猜测，但终归于猜测而已。我们仅从诗里可知，她未能尽享天年。她与诗人的关系如何，我们无法确知。也许她是诗人青春年少时的单恋对象？她在世时，"没有人赞赏"，是否意味着诗人年纪尚小，尚未开始写诗？而诗人成年后，开始写诗"赞赏"她时，她却早已不在人世。末句之感叹似乎蕴涵着无尽的遗恨。

A Slumber Did My Spirit Seal

A slumber did my spirit seal;

　I had no human fears:

She seemed a thing that could not feel

　The touch of earthly years.

5　No motion has she now, no force;

　She neither hears nor sees;

Rolled round in earth's diurnal course,

　With rocks, and stones, and trees.

【注释】

1. 这也是《露西》组诗之一，作于 1799 年，发表于 1800 年。

【评析】

对此诗的解释历来众说纷纭，莫衷一是，但有一点是公认的，即上、下两节的内容形成对比。显然，二者时态不同，一表过去，一表现在。

有的论者说，以前诗人觉得露西在精神上是"非人的"，她能主动地躲避尘世岁月的侵蚀；而现在露西死了，她在物质上成了"非人的"，只能被动地服从于大地的日常运行。

有的则说，此诗是华氏"二元观"的体现；诗人可能认为明中有暗、动中有静、生中有死；反之，露西死了，虽死犹生，虽静犹动。

酣睡曾将我灵魂封存起 [1]

酣睡曾将我灵魂封存起；
　我了无人间忧惧：
她仿佛一件器物，不觉知
　尘世岁月的抚触。

如今她既无气力，又不动；　　　　　　5
　也无所闻无所见；
只是在大地日常运行中
　随岩石、树木旋转。

　　还有的说，先是恋爱者的灵魂沉浸在"酣睡"之中，他幻想他的爱人是神圣
不朽的；而后来是被爱者的灵魂被"封闭"在沉睡之中，她同样"不觉知　／　尘
世岁月的抚触"；显然，她的"沉睡"惊醒了他的"酣睡"，他的幻想可悲地但
又具有讽刺意味地变成了现实。

　　以上解说都是基于人称代词"她"（she）的不确定性：前两种说法都以"她"
为露西；第三种说法则以上、下两节的"她"分别指发言者和露西的灵魂。但从
原文的语法关系来看，"她"也可能一贯地指代"我的灵魂"（但在英诗中习惯
上指代"soul"才用"she"；指代"spirit"多用"it"）。倘如此，全诗也不妨
被理解为诗人心境的变化而已。"她"究竟何指，迄无定论。

　　总之，笔者认为，此诗是诗人对爱、生死、不朽沉思的结果。爱能使人不朽，
死亦能使人不朽。

SAMUEL TAYLOR COLERIDGE

塞缪尔·泰勒·柯尔律治

塞缪尔·泰勒·柯尔律治（1772—1834），浪漫主义诗人、评论家。毕业于剑桥大学，曾赴德国留学，深受康德、谢林等唯心主义哲学影响。对超自然题材感兴趣，作品富于象征和神秘意味。代表作有长诗《古舟子吟》、文艺理论《文学传记》等。

Time, Real and Imaginary: An Allegory

On the wide level of a mountain's head

(I knew not where, but 't was some faery place),

Their pinions, ostrich-like, for sails outspread,

Two lovely children run an endless race,

5　　　　　A sister and a brother!

　　　　　This far outstripp'd the other;

　　Yet ever runs she with reverted face,

　　And looks and listens for the boy behind:

　　For he, alas! is blind!

10　O'er rough and smooth with even step he pass'd,

And knows not whether he be first or last.

【注释】

1. 此诗作于 1812 年，发表于 1817 年。

【评析】

柯尔律治自称这是一首"关于小学生的诗"。他解释诗题如下："想象的时间，我用来指一个小学生的心理状态：一回学校，他就做起白日梦，生活在半年以后的下一个假期里；我将此与真实的时间作对比。"照此看来，姐姐象征想象的时间，她活泼、不安，远远跑在前面，却又不得不期待着真实的时间的到来；弟弟代表真实的时间，他盲目、冷漠、不慌不忙，永远"步履平稳"地跑着。

真实和想象的时间：一个寓言 [1]

在一座山巅的宽阔平冈之上

（我不知何处，但那是某个仙乡），

两个可爱的孩子不停地赛跑，

双翼似风帆鼓荡，仿佛鸵鸟：

　　一个姐姐和弟弟！　　　　　　　　　　　5

　　这位远超过那位；

　　然而她总是转头扭脸来奔跑，

　　顾看和倾听身后男孩的状态：

　　因为他，唉！是瞎子！

他步履平稳跑过崎岖和坦途，　　　　　　　10

不知道他会是第一还是最后。

　　还有一种较复杂的解释，是作者在 1811 年前后此诗尚在酝酿期间写在笔记本里的一段话："烦恼的成年和欢快的青年对于时间的感觉是多么地不同呵！对于前者，时间就像天空中的太阳，从来看不出在动，却已动了。……对于后者，时间就像秋夜里的圆月，像一只鸵鸟飞驰在形色变幻的云彩中间，却仿佛根本没有动。我觉得这是一个适当的意象，象征真实的时间和在两种不同存在状态中所感觉的时间。因此，这首诗的题目应当是真实的时间和在活泼的青年或充满希望和目标的任何时期与在颓丧、无目的的成年所感觉的时间——客观的和主观的时间。"显然，姐姐是青年所感觉的时间，弟弟是成年所感觉的时间，他们都在跑（客观时间），但各自的主观感觉却不同。

GEORGE GORDEN, LORD BYRON

乔治·戈登·拜伦勋爵

乔治·戈登·拜伦勋爵(1788—1824),浪漫主义重要诗人。出身贵族。由于天生跛足而性情孤僻、早熟。生活放荡不羁。在剑桥大学获文学硕士学位后,游历欧洲及小亚细亚各国,写出长诗《恰尔德·哈罗德游记》前两章,塑造了最初的"拜伦式英雄"——一个孤独厌世的"忧愁流浪者"形象,一举成名。后因私生活受到社会舆论的恶意诽谤而出国出走,旅居瑞士、意大利等国。在此期间完成了《恰尔德·哈罗德游记》,写出了哲理诗剧《曼弗雷德》,以及一系列悲剧和叙事长诗,并开始创作代表作《唐璜》。1823年投笔从戎,支援希腊反抗土耳其统治的民族独立战争。翌年病逝。拜伦是他的那个时代在世时便在欧洲大陆赢得广泛声誉的唯一的英国诗人。在整个19世纪里,他一直被公认为是最伟大的浪漫主义诗人。他的影响,尤其是他所创造的"拜伦式英雄"原型的影响,遍及欧美大陆,在19世纪西方思想史和文化史上留下了明显的痕迹。

When We Two Parted

When we two parted
　　In silence and tears,
Half broken-hearted
　　To sever for years,
Pale grew thy cheek and cold,
　　Colder thy kiss;
Truly that hour foretold
　　Sorrow to this.

The dew of the morning
　　Sunk chill on my brow—
It felt like the warning
　　Of what I feel now.
Thy vows are all broken,
　　And light is thy fame;
I hear thy name spoken,
　　And share in its shame.

They name thee before me,
　　A knell to mine ear;
A shudder comes o'er me—
　　Why wert thou so dear?
They know not I knew thee,
　　Who knew thee so well—
Long, long I shall rue thee,

我俩分手的时节 [1]

我俩分手的时节，
　　无语唯有泪，
因为将多年离别，
　　心儿已半碎，
你的脸苍白冰冷，　　　　　　　　　　5
　　更冷你的吻；
那时候确已注定
　　今日的愁闷。

清晨寒凉的露水
　　落在我额头——　　　　　　　　　10
那仿佛是在预示
　　我此时感受。
你的誓言全落空，
　　名誉变轻浮；
听人提起你的名，　　　　　　　　　15
　　我也蒙羞辱。

他们当我面说你，
　　似丧钟传来；
我全身一阵颤栗——
　　你曾多可爱！　　　　　　　　　20
他们不知我与你
　　彼此太相熟——
久久我为你惋惜，

Too deeply to tell.

25 　　In secret we met —

In silence I grieve,

That thy heart could forget,

Thy spirit deceive.

If I should meet thee

30 　　After long years,

How should I greet thee? —

With silence and tears.

【注释】

1. 此诗作于 1808 年，发表于 1816 年；或说创作和发表均于 1815 年。待考。

【评析】

这是一个失恋之人的伤心语。

第一节，发言者"我"显然已得知受言者"你"变心的消息，所以怀抱着"今日的愁闷"恍然忆起多年前离别之时便已显出的不祥之兆："你的脸苍白冰冷，/ 更冷你的吻。"

第二节，从对分手时节情景的回忆转到"我此时感受"：由于"你"负心毁约，并且在社会上弄得声名狼藉，"我"听人提到"你"的名字，也感觉蒙受了"羞辱"。

第三节，因为"我"跟"你"有关系，"你"以前又是多么可爱。现在，不知内情的人们当着"我"的面议论"你"，那感觉简直如闻丧钟。"我"只有怀着难以出口的沉痛心情，"久久我为你惋惜"。

第四节，"我们曾秘密相会"，说明其恋爱是没有公开的，因此是无人作证的。那么，"你"就可以忘却，也可以不予承认。但是，"我"该怎么办？假如与"你"重逢，也"有泪但无语"。

这样的理解也许更为合理："我"与"你"分别多年，音讯杳然，偶然听到沉痛说不出。

我们曾秘密相会——   25
　默然我悲叹：
你的心可以忘记，
　灵魂可欺骗。
假如多年过去后，
　我与你相遇，   30
我将怎样相问候？——
　有泪但无语。

关于"你"现况的传言，一时竟不辨真假，遂有如此一番感慨。整首诗的情调是伤感、缠绵的，尤其从最后一节看来，"我"似乎仍抱有一线希望。

有论者指出，为不暴露受言者的身份，此诗末尾原来还有一节在发表时被特意删除。此节最终在拜伦写给表姐哈代夫人的一封信中被发现了。译文如下：

那么——请珍重——芳妮——
　现在倍倒霉——
证明对多人不实——
　如对一人伪——
你已不值得回顾
　即使我情愿——
因女人一旦失足
　必堕落永远。

此处提及的"芳妮"系与拜伦有过一段地下恋情的弗朗西丝·韦伯斯特夫人，拜伦的一位密友之妻。

So We'll Go No More A-Roving

I

So we'll go no more a-roving

So late into the night,

Though the heart be still as loving,

And the moon be still as bright.

II

5　For the sword outwears its sheath,

And the soul wears out the breast,

And the heart must pause to breathe,

And Love itself have rest.

III

Though the night was made for loving,

10　And the day returns too soon,

Yet we'll go no more a-roving

By the light of the moon.

【注释】

1. 此诗作于 1817 年，发表于 1830 年。开头两行系借用一首苏格兰歌曲《快活乞丐》（1776）中的词句。

【评析】

拜伦于 1817 年 2 月 28 日将此诗附在一封信里寄给好友爱尔兰诗人托马斯·穆尔，并在信中讲述了创作的缘起："现在，我正自行无效的节食疗法。狂欢会——

那我们就不再闲游 [1]

1

那我们就不再闲游
　这么晚潜入夜色，
尽管说心依然爱慕，
　月亮也同样皎洁。

2

剑刃把剑鞘会磨蚀，　　　　　　　　　　5
　灵魂会撞破胸膛，
心脏须停下来喘息，
　爱情也需要休养。

3

夜虽说为欢爱造就，
　白昼归来得太早，　　　　　　　　　　10
但我们将不再闲游，
　借着月亮的光照。

也就是，后半部分，和熬夜——让我有点儿累坏了。但它结束了——现在是四旬斋节，连同所有禁食和圣乐……虽然总的来说我没有散架，但我觉得'剑刃磨穿了剑匣'，尽管我才刚刚 29 岁出头。"显然，此诗表达的是浪子纵情放荡挥霍青春之后的倦游之心和有心无力年岁不饶人的无奈之感。与我国古诗十九首中"生年不满百，常怀千岁忧。昼短苦夜长，何不秉烛游！为乐当及时，何能待来兹？"这样的达观思想似乎正好相反。

　　此诗在后世屡屡被配以乐曲演唱，颇为流行。

PERCY BYSSHE SHELLEY

珀西·比希·雪莱

珀西·比希·雪莱（1792—1822），浪漫主义重要诗人。出身名门望族。深受法国启蒙思想家伏尔泰、卢梭和英国激进思想家葛德文等人的民主共和思想影响。曾因发表《无神论的必然性》一文而被牛津大学开除。1818 年因迫于社会压力而离开英国，侨居意大利。四年后死于海难。抒情诗剧《解放了的普罗米修斯》创造性地再现了古希腊神话英雄不畏迫害，为人类窃取天火的故事，表达社会变革和人性升华的理想观念，被公认为浪漫主义文学的代表作之一。此外，悲剧《钦契》、抒情诗《西风颂》等也是英语文学中的不朽杰作。作为"天才的预言家"（恩格斯语），雪莱不为时人所理解，其作品被斥为"魔鬼的产物"。但身后却有人称他为"禀受神赐"的诗人，认为他的抒情诗"绝对完美"，以至于成为后世数代诗人的偶像。近几十年来的学术研究在他的作品中获得了富有价值的发现，从而日益巩固了他作为伟大的浪漫主义诗人的地位。

Mutability

I

The flower that smiles today
Tomorrow dies;
All that we wish to stay,
Tempts and then flies.
5   What is this world's delight?
Lightning that mocks the night,
Brief even as bright.

II

Virtue, how frail it is!
Friendship how rare!
10   Love, how it sells poor bliss
For proud despair!
But we, though soon they fall,
Survive their joy and all
Which ours we call.

III

15   Whilst skies are blue and bright,
Whilst flowers are gay,
Whilst eyes that change ere night
Make glad the day,
Whilst yet the calm hours creep,

无　常[1]

1

今日微笑的花朵
　　明日即枯死；
我们希望停留者
　　逗引后逃逸；
什么是尘世之欢?　　　　　　　　5
嘲笑黑夜的闪电，
　　明亮却短暂。

2

美德，是多么脆弱！
　　友谊多稀奇！
爱情，卖廉价欢乐　　　　　　　10
　　换骄傲失意！
这些速朽，但我们
超越这一切欢欣，
　　要继续生存。

3

趁天空湛蓝明净，　　　　　　　15
　　趁鲜花娇美，
趁入夜变化的眼睛
　　使白昼明媚；
趁静谧时辰未消逝，

20   Dream thou—and from thy sleep
                          Then wake to weep.

【注释】

　　1. 此诗作于 1815 至 1816 年间，发表于 1824 年。

【评析】

　　人生无常，及时行乐，这是西方文学中常见的母题。此诗虽也表达了类似的

睡吧——然后从梦里　　　　　　　　　20

醒来，哭泣。

思想，但诗人的见地不同于凡俗，态度也更为洒脱。正所谓人无千日好，花无百日红，自然的美景难以持久，人类的情感更是易变。"尘世之欢"竟如此脆弱和廉价！诗人在发出愤慨的感叹之后，还清醒地看到"我们　/　超越这一切欢欣，/　要继续生存"，强调人生更多的是苦难和人类忍受痛苦的必要。所以，诗人得出结论：趁欢乐未逝，尽情地享受；当痛苦来临，清醒而直面。

Ozymandias

I met a traveler from an antique land
Who said: Two vast and trunkless legs of stone
Stand in the desert ... Near them, on the sand,
Half sunk, a shattered visage lies, whose frown,
5   And wrinkled lip, and sneer of cold command,
Tell that its sculptor well those passions read
Which yet survive, stamped on these lifeless things,
The hand that mocked them, and the heart that fed;
And on the pedestal, these words appear:
10   "My name is Ozymandias, King of Kings:
Look on my works, ye Mighty, and despair!"
Nothing besides remains. Round the decay
Of that colossal wreck, boundless and bare
The lone and level sands stretch faraway.

【注释】

1. 此诗作于 1817 年，发表于 1818 年 1 月。奥西曼迭斯是古埃及法老拉美西斯二世（前 13 世纪）部分王号的希腊语译音，义为"拉神〔埃及主神〕的正义威力无边"。据说他在底比斯为自己所造陵墓形如狮身人面像，高约十五米。

奥西曼迭斯 [1]

我遇见一位来自古国的旅客，
听他说：两条巨大无身的石腿
立在沙漠里……沙子上，它们近侧，
半埋着，躺着一张破脸，皱着眉，
撇着嘴，扇着鼻，冷冷主宰神色，　　　　　　5
透露出雕刻匠熟悉这些情绪——
凿在这些无生物上面，比摹仿、
养活它们的手和心活得更久；
在那基座上显现出以下文字：
　"朕号奥西曼迭斯，乃万王之王：　　　　　　10
目睹朕之功业兮，天神亦失气！" [2]
其余都荡然无存。在那堆巨像
残块的废墟四周，无边而空寂，
寂寞的漠漠平沙伸展向远方。

---

2. 此引文其实是对古希腊历史作家狄奥多鲁斯·西库鲁斯所述铭文的改写。
原文大意是："我是万王之王，奥西曼迭斯。假如有谁想知道我有多伟大，葬在何处，
就请他超过我的功业。"

【评析】

　　1816年，英国政府雇人从埃及底比斯拉美西斯王陵享殿盗运拉美西斯二世雕像的头部和躯干部分。消息传来，雪莱与友人贺拉斯·史密斯趁机相约比赛写作同题诗。他们从古希腊历史作家狄奥多鲁斯·西库鲁斯的巨著《历史文库》中选取了一段描写古埃及巨型雕像的文字为题材，敷衍成诗。这首十四行诗即雪莱交出的答卷。

　　诗人首先虚构了一位远来的旅客（当然也可以实指狄奥多鲁斯·西库鲁斯），

以下其余部分则都是来客所述。沙漠中，雕像久已倾圮，唯其面部表情依然，一副不可一世的神色，凝固在石头上，竟比摹刻这些表情的工匠的手和养活这些表情的法老的心存在得还要长久。其基座上镌刻的铭文显示出像主的身份及其"欲与天公试比高"的狂妄气概。然而，其文治武功、帝国大业、千秋盛名不免被时光销磨，荡然无存，被人遗忘的命运，留存至今仍有价值的唯有被当做艺术品的残破石雕了。政治生命之短暂与艺术魅力之永恒的对比是此诗所表达的主旨。

　　此诗问世以来，频频入选各种诗选集，成为雪莱最有名的诗作之一。

To—

Music, when soft voices die,

Vibrates in the memory.—

Odours, when sweet violets sicken,

Live within the sense they quicken.—

5　　　Rose leaves, when the rose is dead,

Are heaped for the beloved's bed—

And so thy thoughts, when thou art gone,

Love itself shall slumber on.

【注释】

1. 此诗作于 1821 年，发表于 1824 年，是在一笔记本上发现的未完成稿，据说是为意大利贵族少女特丽莎（艾米莉娅）·维维亚尼而作的。其父为比萨总督，将该女关入修道院，逼其嫁人，禁其与诗人交往。原文标题的破折号代表隐去的人名，故译为《有赠》。

2. 香堇菜（sweet violet）：多年生草本植物，有香气，可入药，花语为思念。

【评析】

类似 17 世纪的玄学诗，此诗颇有些诡辩的味道，但诡辩往往是似是而非或似非而是的，并不要求逻辑的正确严密。前三句可看做用一般道理或事实来做类

有　赠 [1]

柔婉的歌声虽消逝，
余音，回荡在记忆。
香堇菜 [2] 花儿虽枯干，
气味，存活于感官。

玫瑰花死了，花瓣　　　　　　　　　　5
堆起给爱人当床垫——
你去了，爱情必将
独自长眠在相思上。

比的前提（其实第三句与前两句已有所不同），是说退一步的情形：歌声消歇了，记忆里还有余韵；香堇菜（代表思念）枯干了，香气还在；玫瑰花（代表爱情）凋谢了，花瓣还可用来铺床。最后一句说"and so"（"同理"、"类似地"），是要往前三句上靠，利用读者的期待惯性，诱使之得出同类的结论（尽管其表层和深层结构都与前三者有所不同），也就是说：你走了，还有我对你的思念在，可供爱枕藉乎其上——爱并非全无着落（爱是否死了还不能确定）。这一方面是聊以自慰或解嘲，一方面也是表达思念之切。

　　此诗也是入选各种诗选集次数最多的，因此也是雪莱最有名的诗作之一，并屡被后人配以乐曲。

JOHN KEATS

约翰·济慈

　　约翰·济慈（1795—1821），浪漫主义重要诗人。出身贫寒，为生计所迫中途辍学，做过医生助手。其作品绚美细腻，感官效果强烈，常常表达对人类痛苦的敏感和洞察，以及对正义、自由和爱情的热烈追求等崇高主题。代表作有《秋颂》、《忧郁颂》、《希腊古瓮颂》、《圣亚尼节的前夕》等。

Ode on a Grecian Urn

I

Thou still unravish'd bride of quietness,
　　Thou foster-child of silence and slow time,
Sylvan historian, who canst thus express
　　A flowery tale more sweetly than our rhyme:
5　What leaf-fring'd legend haunt about thy shape
　　　Of deities or mortals, or of both,
　　　　In Tempe or the dales of Arcady?
　　　What men or gods are these? What maidens loth?
What mad pursuit? What struggle to escape?
10　　　What pipes and timbrels? What wild ecstasy?

II

Heard melodies are sweet, but those unheard
　　Are sweeter; therefore, ye soft pipes, play on;
Not to the sensual ear, but, more endear'd,
　　Pipe to the spirit ditties of no tone:
15　Fair youth, beneath the trees, thou canst not leave
　　　Thy song, nor ever can those trees be bare;
　　　　Bold Lover, never, never canst thou kiss,
Though winning near the goal—yet, do not grieve;
　　　She cannot fade, though thou hast not thy bliss,
20　　　Forever wilt thou love, and she be fair!

希腊古瓮颂 [1]

1

你这永不被玷污的静谧的新娘，

　　你这静默和悠缓时光的养女、

山野的说书人，你能够如是演讲

　　比我们的诗更美妙的花哨掌故；

你形体周围环绕着有树叶镶边、　　　　　　　　5

　　关于坦佩或阿卡狄 [2] 谷地的神

　　　　或凡人，或兼有二者的何等传说？

　　这些是何等人或神？不情愿的女子？

何等疯狂的追逐？难脱的纠缠？

　　何等排箫和手鼓？放荡的极乐？　　　　　10

2

听得见的曲子美妙，听不见的曲子

　　更美妙；那么，柔和的排箫，吹下去；

不是对肉体的耳朵，而是更高贵，

　　对精神吹奏没有音调的歌曲。

俊美的青年，在树下，你不会离开　　　　　15

　　你的歌，那些树也永远不会秃光；

　　　　大胆的恋人，你永远不得亲吻，

尽管接近了目标——但也别悲哀；

　　她不会消逝，虽然你没有福分；

　　　　你可以永远爱，而她会永远漂亮！　　　20

III

Ah, happy, happy boughs! that cannot shed
　　Your leaves, nor ever bid the Spring adieu;
And, happy melodist, unwearièd,
　　Forever piping songs forever new;
25　　More happy love! more happy, happy love!
　　　Forever warm and still to be enjoy'd,
　　　For ever panting, and for ever young;
All breathing human passion far above,
　　That leaves a heart high-sorrowful and cloy'd,
30　　　A burning forehead, and a parching tongue.

IV

Who are these coming to the sacrifice?
　　To what green altar, O mysterious priest,
Lead'st thou that heifer lowing at the skies,
　　And all her silken flanks with garlands drest?
35　W hat little town by river or sea shore,
　　　Or mountain-built with peaceful citadel,
　　　Is emptied of this folk, this pious morn?
And, little town, thy streets forevermore
　　Will silent be; and not a soul to tell
40　　　Why thou art desolate, can e'er return.

V

O Attic shape! Fair attitude! with brede
　　Of marble men and maidens overwrought,

3

啊，欢欢乐乐的树枝！你不会

　　掉落树叶，也不会与春天道别；

还有，欢乐的乐手，从不疲惫，

　　永远吹奏着永远新鲜的歌；

更多的欢爱！欢欢乐乐的爱！　　　　　　　25

　　永远温暖，永远有待于享受，

　　　　永远渴望着，而且永远不老；

都远离活生生人欲超然物外，

　　不令人内心高度忧伤和痛楚，

　　　　不令人额头发烫，口干舌燥。　　　30

4

这是些什么人来参与祭祀庆祝？

　　神秘的祭司哟，你把那低鸣向天、

两胁丝滑、缀满花环的小母牛

　　将要牵往何等样青绿的祭坛？

河畔或海滨，或依山势而建、　　　　　　　35

　　带有宁静堡垒的何等样小城

　　　　在这虔诚的清晨倾倒出这部族？

小城，你的街道将会永远

　　变得寂静；没有一个魂灵

　　　　能够回来讲述你为何荒芜？　　　40

5

阿提刻[3]形体哟！美好的造型！装饰有

　　大理石浮雕的男子和女子形象，

> With forest branches and the trodden weed;
>
> 　Thou, silent form, dost tease us out of thought
>
> 45　As doth eternity: Cold Pastoral!
>
> 　When old age shall this generation waste,
>
> 　Thou shalt remain, in midst of other woe
>
> 　Than ours, a friend to man, to whom thou say'st,
>
> "Beauty is truth, truth beauty,"—that is all
>
> 50　　Ye know on earth, and all ye need to know.

【注释】

1. 此诗作于 1819 年 5 月，发表于 1820 年。瓮（urn）是古希腊人常用的一种大肚小口的容器，用大理石或陶土制成，表面雕刻或绘画有精美的图像，用以盛骨灰或各种液体。

2. 坦佩和阿卡狄都是希腊地名，在文学传统中是黄金时代理想田园生活的象征。

3. 阿提刻：希腊半岛名，雅典所在地，引申为形容词，指雅典风格的，具有古典、优雅、精致、简朴等含义。

4. 有些版本在此处没有引号，故对结尾至少有两种不同理解：一种认为末尾两行全都是古瓮对人所说的话，另一种则认为只有引号内的才是古瓮对人所说的话。

【评析】

1801 至 1812 年间，英国驻奥斯曼帝国大使、第七代埃尔金伯爵托马斯·布鲁斯将希腊雅典卫城的帕特农神殿中的多半大理石雕塑非法运回英国，1816 年卖给英国政府，陈列在大英博物馆中。济慈曾参观该展览，深感震撼，并写下十四行诗《观埃尔金大理石雕》（1817）。1819 年 5 月初，他在读到友人、画家兼作本杰明·海登介绍古希腊祭仪和艺术的两篇文章之后，有感而写作了此诗。此前他还在海登处见过，甚至摹画过一些希腊古瓮或瓶的图片。

林间的枝条和踩倒的杂草的构图；

你，静默的形式，像永恒一样

把我们挑逗得出神：冷凝的田园诗！　　　　　45

当老年把我们这一代消损之后，

你将在他人而非我们的伤感下，

依然是人类的朋友，你对人说出：

"美即是真，真即是美"[4]——这就是

你们究竟所知，需知的一切。　　　　　　　50

　　诗人用第二人称，直接对古瓮说话，一开始就把古瓮比做文静的女性，贴切自然且符合传统。容器一般被视为阴性，希腊古瓮造型优美，更易令人联想到女性的形体。她虽然既静又默，却无言地演述着往古的浪漫故事。紧接着是一连串疑问句，表示诗人对瓮身上所刻画图景含义的种种猜想。

　　接下来的描写不免令人想到西方绘画中常见的潘神行乐图。潘是古希腊神话中的畜牧神，人身羊足，头上长角，擅长音乐，据传是排箫的发明者。潘与众山林女神嬉逐作乐的场景是西方艺术中为人所见的题材。虽然诗中所写不是羊人怪，而是"俊美的青年"，但也不能确定"是何等人或神"。一切都是静止沉默的，故而一切都是恒久不变的，有遗憾，也有慰藉，超越了人欲，定格为艺术。

　　再接下来是另一幅图景：万人空巷去郊外祭祀的热闹场面。这可能描写的是古瓮的另一面，但据说其实是来自埃尔金大理石雕中的一个浮雕画面。诗人运用想象力，把古代田园生活的两个主要方面——性爱与（祈求繁殖的？）祭祀——结合并相继展现出来，一点儿也不令人觉得突兀，而是在起、承之后恰到好处的一转。又是一连串的疑问句，同样表现着对表象背后实际意义的不确定感。

　　最后是人定胜天，艺术胜过自然的结论。美是人创造的，却比人的生命长久，这不能不说是一种挑逗，一种值得去从事的追求。

　　此诗被认为是英诗中最伟大的颂诗之一，其结构、形式和语言亦如其所写对象一样完美。

Bright Star

Bright star, would I were steadfast as thou art—

    Not in lone splendor hung aloft the night

And watching, with eternal lids apart,

    Like nature's patient, sleepless Eremite,

5   The moving waters at their priestlike task

    Of pure ablution round earth's human shores,

Or gazing on the new soft fallen mask

    Of snow upon the mountains and the moors—

No—yet still steadfast, still unchangeable,

10   Pillowed upon my fair love's ripening breast,

To feel forever its soft fall and swell,

    Awake forever in a sweet unrest,

Still, still to hear her tender-taken breath,

And so live ever—or else swoon to death.

【注释】

1. 此诗是在一本莎士比亚诗集的空白页上发现的，一般认为是 1820 年济慈赴意大利疗养途中所作绝笔。但后来经人考证，当写成于 1819 年。1848 年首次发表。"明星"一说指北极星：1818 年在湖区旅游时，济慈曾说荒凉的景色"把人的视觉磨炼成北极星一般，以至能够永不闭合，恒定不移地盯着大造化的奇迹"。

明　星 [1]

明星啊，但愿我像你一样恒定——
　　不是要高悬夜空，孤寂而辉煌，
像自然世界的隐士，不眠、坚忍，
　　大睁着永不闭合的眼睛，凝望
涌动的河流忙于教士般的工作——　　　　　　　5
　　在地上有人的沿岸巡回施洗礼，
或注视那漫天飘洒的新雪降落，
　　像柔软的面罩披上山野和沼地——
不——而是要永远地坚定，不移，
　　枕着我美丽爱人正成熟的酥胸，　　　　　　10
永久感受那轻柔的一伏、一起，
　　在一种甜蜜的不安中永久清醒，
永远、永远倾听她柔和的呼吸，
　　就这样活下去——否则宁可昏死。

这一想法后来即发展成这首诗；一说指金星：济慈在 1819 年 7 月 25 日致未婚妻
芳妮·布劳恩的信中写道："今夜我要把你想象成维纳斯，像异教徒那样向你的
星祈祷，祈祷，祈祷。"维纳斯是古罗马神话中的爱与美之女神，我国所谓太白
金星在西方即以维纳斯命名。

【评析】

　　这首十四行诗在韵式上是英国式的，但内容的组织却按意大利式，即前八行起承，后六行转合。在前八行里，诗人祈愿自己像北极星或金星一样恒定不移，但目的不在于超脱尘世，与自然契合。后六行笔锋一转，道出其真正的愿望是要永恒不移地热爱人间的恋人，否则宁可死去。

　　诗中的意象具有多样的美：高远、壮阔、幽寂、秾艳；孤寂的星、不眠的隐士、

忙碌的教士、大雪覆盖的山野沼地、恋人的酥胸、再加上死亡，这一切所暗示的
大自然的无限、宗教的虔诚、人类的繁衍、爱情的甜美、死亡的必然等意义交织
在一起，统一于永恒这一主题。而隐士的眺望和诗人的高卧这两种行为又把这些
意象串连起来，造成两个相映对比的意境，从而使诗在意义、形象、结构等方面
都具有无懈可击的完整性。

ELIZABETH BARRET BROWNING

伊丽莎白·巴雷特·布朗宁

伊丽莎白·巴雷特·布朗宁（1806—1861），又译白朗宁、勃朗宁，女诗人。生长于乡间。15 岁时坠马跌伤脊椎，从此卧病在床，但仍坚持自学和著译。1844 年出版的《诗集》使她诗名大噪。不久结识尚未成名的诗人罗伯特·布朗宁。爱情的力量使她奇迹般恢复了健康，并在 1846 年违抗父命与罗伯特秘密结婚，旋即随夫移居意大利，终老于佛罗伦萨。其代表作《葡萄牙十四行诗集》即诗人非凡爱情的结果，自有非凡的美和生命力，是英语文学中不可多得的珍品。

A Denial

I

We have met late—it is too late to meet,
　　O friend, not more than friend!
Death's forecome shroud is tangled round my feet,
And if I step or stir, I touch the end.
　　In this last jeopardy
Can I approach thee, I, who cannot move?
How shall I answer thy request for love?
　　Look in my face and see.

II

I love thee not, I dare not love thee! go
　　In silence; drop my hand.
If thou seek roses, seek them where they blow
In garden-alleys, not in desert-sand.
　　Can life and death agree,
That thou shouldst stoop thy song to my complaint?
I cannot love thee. If the word is faint,
　　Look in my face and see.

III

I might have loved thee in some former days.
　　Oh, then, my spirits had leapt
As now they sink, at hearing thy love-praise!
Before these faded cheeks were overwept,

拒　绝 [1]

1

我们相见已晚——太晚而不该见，
　　朋友啊，仅仅是朋友！
死神早来的尸布把我脚裹缠，
如果我迈步或动身，就大限临头。
　　在这最后的关头，　　　　　　　　　　　5
我怎能接近你，我，不能动之人？
我将怎样答复你对爱的求恳？
　　瞧瞧我的脸，看清楚。

2

我不爱你，我不敢爱你！去，
　　别说话；放开我的手。　　　　　　　　10
你要找玫瑰，就去她们盛开处，
在花园小径，不在荒漠沙丘。
　　生命与死亡怎携手，
你竟拿你的歌来屈就我的怨艾？
我不能爱你。如果话语弱无力，　　　　　15
　　就瞧瞧我的脸，看清楚。

3

在早些日子里，我也许已经爱上你，
　　那时呵，听见你颂赞，
我心魂已飞扬，现在却这般灰死。
在这凋残的红颜受哭悼之前，　　　　　　20

Had this been asked of me,

To love thee with my whole strong heart and head, —

I should have said still ... yes, but smiled and said,

"Look in my face and see!"

IV

25　But now ... God sees me, God, who took my heart

And drowned it in life's surge.

In all your wide warm earth I have no part —

A light song overcomes me like a dirge.

Could Love's great harmony

30　The saints keep step to when their bonds are loose,

Not weigh me down? am I a wife to choose?

Look in my face and see —

V

While I behold, as plain as one who dreams,

Some woman of full worth,

35　Whose voice, as cadenced as a silver stream's,

Shall prove the fountain-soul which sends it forth;

One younger, more thought-free

And fair and gay, than I, thou must forget,

With brighter eyes than these ... which are not wet ...

40　Look in my face and see!

VI

So farewell thou, whom I have known too late

To let thee come so near.

如果我听到这请求：
要我爱你，用我健全的心和脑——
我本来还会说……好的，却只是微笑道：
　"瞧瞧我的脸，看清楚！"

4

可如今……上帝看见我，已取走我的心，　　　　25
　溺死在生命的波涛里。
在辽阔温暖的大地上我无处存身——
轻快的歌曲似挽歌将我压抑。
　圣徒们解脱的时候，
欢舞踏和的爱神的太和之弦，　　　　30
我怎能承受？我可是做妻子的人选？
　瞧瞧我的脸，看清楚。

5

当我看见，如梦中所见般清晰，
　某十全十美的女人，
她的嗓音婉转似汩汩银溪，　　　　35
将证明源头的灵魂也同样清纯；
　比我更年轻，更无忧，
更漂亮也更活泼，你想必已遗忘，
那双眼比我这双——干枯的——更明亮……
　瞧瞧我的脸，看清楚！　　　　40

6

那就请珍重吧，我与你相识太晚，
　无法让你太靠近。

Be counted happy while men call thee great,

And one beloved woman feels thee dear! —

45　　　Not I! —that cannot be.

I am lost, I am changed, —I must go farther, where

The change shall take me worse, and no one dare

　　　Look in my face and see.

VII

Meantime I bless thee. By these thoughts of mine

50　　　I bless thee from all such!

I bless thy lamp to oil, thy cup to wine,

Thy hearth to joy, thy hand to an equal touch

　　　Of loyal troth. For me,

I love thee not, I love thee not! —away!

55　Here's no more courage in my soul to say

　　　"Look in my face and see."

【注释】

　　1. 此诗作于 1845 年，作为对初次会面后仅三天的罗伯特求婚的答复。

【评析】

　　不爱是假，爱才是真。正因为真爱，才不愿以病残之躯拖累爱人，而是衷心

感到幸福吧，当男人把你称赞，

一个可爱的女人觉得你可亲！——

　　不是我！——那不能够。　　　　　　　　45

我已迷失，已改变——我必须走得更远，

在那里我将变得更难看，没人敢

　　瞧瞧我的脸，看清楚。

7

同时我祝福你。凭我这些思绪，

　　我祝你摆脱这一切！　　　　　　　　　50

我祝你杯中酒常满，灯里油常续，

炉边欢笑多，同等忠诚的誓约

　　与你手相握。至于我，

我不爱你，我不爱你！——快走！

我的灵魂里再也没有勇气说　　　　　　　55

　　"瞧瞧我的脸，看清楚。"

祝愿他幸福。这一番"拒绝"真是又真心又违心，充满矛盾，充满痛苦，凄切婉转中更透出非凡的理智和勇气，令人感动，令人敬佩。也正因为这回绝书写得太长、太缠绵，流露出太多的真情爱意，罗伯特才敢于继续追求，终于以真挚的爱驱散了诗人心中的阴影。

　　全诗用语雅洁，格律严谨，但措辞精当，语气自然流畅，足见诗人诗艺之高超。

ALFRED, LORD TENNYSON

阿尔弗雷德·谭尼生勋爵

　　艾尔弗雷德·谭尼生勋爵（1809—1892），又译丁尼生，维多利亚时代重要诗人。其诗富浪漫气息，同时不乏对当代社会和人生的沉思冥想；技巧娴熟，格律谨严。被时人目为第一大家。代表作有《悼念》、《国王之歌》等。1850 年受聘为桂冠诗人。

Crossing the Bar

Sunset and evening star,
　　And one clear call for me!
And may there be no moaning of the bar,
　　When I put out to sea,

5　　But such a tide as moving seems asleep,
　　Too full for sound and foam,
When that which drew from out the boundless deep
　　Turns again home.

Twilight and evening bell,
10　　And after that the dark!
And may there be no sadness of farewell,
　　When I embark;

For though from out our bourne of Time and Place
　　The flood may bear me far,
15　I hope to see my Pilot face to face
　　When I have crost the bar.

【注释】

1. 此诗作于 1889 年，虽然不是谭尼生的绝笔，但在他要求下，总是被放在他所有诗集的末尾。

越过沙坝 [1]

落霞和晚星，一声
　　召我的清晰呼唤！
但愿在我动身出海的时辰，
　　沙坝没有哀叹，

只有这涌动的海潮仿佛睡熟，　　　　　　　　　5
　　涨满得无声无沫，
当那从无涯深海滚来的一股
　　回家的时刻。

暮霭和晚钟，随后
　　降临的就是黑暗！　　　　　　　　　　　10
但愿在我登船的时辰，没有
　　离别的悲酸；

因为，虽说那巨流会将我载走，
　　远离我们的时空界，
但我希望越过沙坝之后　　　　　　　　　　15
　　能亲见我的导航者。

【评析】
　　这是诗人对死亡的沉思和预期。通篇用象征写法。取于自然的意象不加变形
地组成一幅真实可感的航海图景，但背后却暗含着深沉的寓意。

第一节：起句"落霞和晚星"，很容易就令人联想到人之将死。那催人"动身出海"的"呼唤"自然是上帝的召唤。"沙坝"（bar），据《牛津英语词典》，是拦在河流入海口处，以防海船溯河而上，用泥沙所筑的堤坝，此处象征尘世与灵界之分界线，这将在最后一节中被证明。

第二节："涌动的海潮"应是生命或灵魂的象征，那"无涯深海"即是生命的来源和灵魂的归宿；使人把自己的生命看作是涌来沙岸边，终又要退回大海深处的一股海潮，希望它来得充实，去得悄然。

第三节："暮霭和晚钟"，是首节首句的变奏，但晚钟亦可理解为宣告人去

世的丧钟。"黑暗"自然是指死亡。"登船"则喻灵魂踏上驶向另一世界之彼岸
的渡筏。

　　以上三节都是写诗人视死亡为一种旅行、一种回归，从一个世界到另一个世
界，因此不必忧惧，不必悲伤。但真正使诗人感到安慰的是最后一节所点明的希望，
即离开尘世之后，他或许能亲眼看到上帝——那灵魂的"导航者"。这就表达了
诗人的信仰，虽然这表达还不十分肯定。

　　总之，诗人对待死亡的态度是平和的，达观的，甚至是欣悦的。

The Eagle

He clasps the crag with crooked hands;
Close to the sun in lonely lands,
Ringed with the azure world, he stands.

The wrinkled sea beneath him crawls;
He watches from his mountain walls,
And like a thunderbolt he falls.

5

【注释】

1. 此诗作于 1851 年，是一首未完成的作品片段。

【评析】

鹰在任何文学中都可能是英雄的象征。此诗亦不例外。在短短六行中，诗人

鹰 [1]

他虬曲双手抓紧崖壁，
接近太阳在寂寞之地，
头戴蔚蓝世界，兀立。

身下蠕动皱起的海浪，
他从那山岩之墙眺望，　　　　　　　　　5
忽如一声惊雷，飞降。

以精炼的措辞和比喻勾画出一个半人格化的鹰的形象。

　　首先，第一行"双手"（而不是"双爪"）一词即开始赋予鹰以人格。后来的第五行中的"山岩之墙"则令人联想到城堡。第二行"接近太阳在寂寞之地"则暗示王者之尊贵，又暗示英雄之孤独。第四行"蠕动"暗示卑下、臣服，是衬托之笔。最后一行则极写勇猛、矫捷。

ROBERT BROWNING

罗伯特·布朗宁

罗伯特·布朗宁（1812—1889），维多利亚时代重要诗人，与谭尼生齐名。善于对所写人物作戏剧化处理，客观冷静地导演他们表白自己的内心世界。这种借自诗剧的"戏剧独白"手法对现代主义诗人如艾略特等影响极大。他的抒情诗也很有特色，豪迈中不乏柔情。代表作有《戏剧抒情诗》、《指环与书》等。

The Lost Mistress

I

All's over, then: does truth sound bitter
　　As one at first believes?
Hark, 'tis the sparrows' good-night twitter
　　About your cottage eaves!

II

5　And the leaf-buds on the vine are woolly,
　　I noticed that, to-day;
One day more bursts them open fully
　　— You know the red turns grey.

III

To-morrow we meet the same then, dearest?
10　　May I take your hand in mine?
Mere friends are we, — well, friends the merest
　　Keep much that I resign:

IV

For each glance of the eye so bright and black,
　　Though I keep with heart's endeavour, —
15　Your voice, when you wish the snowdrops back,
　　Though it stay in my soul for ever! —

失去的女友 [1]

1

那么说，都完了：真话苦涩，
　　如人们最初所相信？
听，那是道晚安的麻雀
　　在你屋檐的附近！

2

我还注意到，今天，藤蔓上　　　　　　5
　　叶苞毛茸茸蜷缩；
再过一天，就完全绽放——
　　你知道那红色变灰色。

3

最亲的，明天还相会照旧？
　　还可以将你手把握？　　　　　　　10
做一般朋友——最一般的朋友
　　也拥有我丧失的许多：

4

明亮又漆黑的每一瞥眼神，
　　虽然我尽心保守——
你祈愿雪花莲回归时的话音，　　　　15
　　虽在我灵魂里长留——

V

Yet I will but say what mere friends say,

　　Or only a thought stronger;

I will hold your hand but as long as all may,

20　　　Or so very little longer!

【注释】

　　1. 此诗作于 1845 年，是对伊丽莎白《拒绝》一诗的应答。

【评析】

　　开门见山，一句绝望的答话，显然针对对方的一番"真话"。然后有意转移

5

但我将像一般朋友只谈天，
　　或仅有略强的意念；
握你手也只像所有人那样短，
　　或稍稍长久一点点！　　　　　　　20

视线，以冲淡或掩饰痛苦。但景色依旧，人事已非，更令人触目伤情。希冀得多，失去得也多，故有一旦遭拒，连最一般朋友也不如之叹。爱得刻骨铭心，却不能拥有，这是何等的痛苦！而把痛苦吞在肚里，仍像一般朋友那样继续交往，这又需要何等的勇气和自制力。当然，如此炽烈的爱是不可能一下子被浇熄的，那么，希望也还没有完全灭绝。

Memorabilia

I

Ah, did you once see Shelley plain,
 And did he stop and speak to you
And did you speak to him again?
 How strange it seems and new!

II

5 But you were living before that,
  And also you are living after;
  And the memory I started at—
  My starting moves your laughter.

III

  I crossed a moor, with a name of its own
10 And a certain use in the world no doubt,
  Yet a hand's-breadth of it shines alone
  'Mid the blank miles round about:

IV

  For there I picked up on the heather
  And there I put inside my breast
15 A moulted feather, an eagle-feather!
  Well, I forget the rest.

难忘的记忆 [1]

1

啊，你可曾和雪莱碰过面，
　　他可曾停步与你寒暄？
你可曾再一度与他攀谈？
　　那感觉多奇异，多新鲜！

2

可在那以前你就已在世，　　　　　　5
　　在那以后你也还活着，
而这段记忆曾让我惊异——
　　我惊异引得你笑呵呵！

3

我曾穿越一荒原，在世间
　　它必有它的名称和用场，　　　　10
可是那四方辽阔的空间
　　唯有巴掌大闪光——

4

因为在那里我曾经捡到，
　　在那里我曾经放入怀里
一根脱落的、鹰的羽毛——　　　　15
　　呃，我忘了其余。

【注释】

1. 此诗作于 1851 年，发表于 1855 年。原文标题是拉丁文，直译义为"值得记忆的事情"。

【评析】

布朗宁自述曾在书店遇到一个自称与雪莱交谈过的陌生人。"突然，那陌生人停下脚步，他发现我面无血色地凝视着他，遂放声大笑起来。……我依然生动地记得，见到一个曾见过雪莱并且与之交谈过的人，竟使我受到何等奇异的影响。"

一个寻常的经历给一个人造成深刻的印象，于是在他的记忆中就变得不同寻常了。在前两节里，发言者以戏剧独白式的虚拟对话口吻（有问无答）再现了他那段真实的经历。"那感觉多奇异，多新鲜"，这是一个年轻而狂热的崇拜者的多情善感，犹如过去我国老百姓对待见过毛主席的先进人物一般。在后两节里，发言者转而讲述了另一个似乎不相干的经历：在一片荒原的一小块地面上捡到一根鹰羽，于是他只记住了这块"巴掌大"的地方而忘记了荒原其余部分的景象。这实际上是对前两节所述感受的印证或比方，只不过角度不同（彼为时间、此为空间），也不必实有其事。但这更丰富了诗的意义，使之不仅限于具体事件的印象纪录，而且具有了普遍性的象征涵义。在结构上，也完善了有问有叙的"交谈"。

Meeting at Night

I

The grey sea and the long black land;

And the yellow half-moon large and low;

And the startled little waves that leap

In fiery ringlets from their sleep,

5　As I gain the cove with pushing prow,

And quench its speed i' the slushy sand.

II

Then a mile of warm sea-scented beach;

Three fields to cross till a farm appears;

A tap at the pane, the quick sharp scratch

10　And blue spurt of a lighted match,

And a voice less loud, thro' its joys and fears,

Than the two hearts beating each to each!

【注释】

　　此诗与下面的《晨别》一诗原为一组，共题为《夜与晨》，作于1845年。

【评析】

　　发言者显然是个男人。他独驾扁舟黉夜越海去与情人幽会。"猛冲的船头"说明来势之急，心情之急；诗人在此是否自觉地寓有性行为的双关暗示，不得而知，

夜　会

1

大海灰暗暗，长陆黑沉沉；
黄色的半月儿大而低悬；
受惊的微波从梦里跳起，
泛着火一样闪亮的涟漪；
我猛冲的船头抵上浅湾，　　　　　　　　　　5
在稀软沙泥中减速停稳。

2

走一里腥味的温暖海滨；
过三块田地，出现一农庄；
窗上一轻敲，利落的一划，
点燃的火柴蓝色的火花；　　　　　　　　　　10
一声问，透过欢乐和恐慌，
不及两心紧贴的狂跳声！

但就如此题材做如此暗示是英诗中的传统做法，读者正不妨如此理解。"窗上一轻敲"，窗内人即刻点灯，说明其人早已有约，早已久等。寒暄问讯的声音之低还不如两人心跳的声音大，是出于恐慌，怕惊动旁人，说明两人的关系是秘密的，不被社会认可的。原诗多用名词性短语排比，这种快速不停的描写节奏给我们透露了个中消息，颇有助于主题的表现，可谓简炼而生动。

Parting at Morning

Round the cape of a sudden came the sea,

And the sun looked over the mountain's rim:

And straight was a path of gold for him,

And the need of a world of men for me.

【评析】

　　此诗是《夜会》的姊妹篇。《夜会》写发言者驾舟越海与情人相会的情景；此诗则接写他与情人告别时的心境：他无意沉溺于儿女柔情，因为他知道，恋爱

晨　别

转过岬角，蓦然见大海；
太阳从山梁上探头远眺——
它走的是一条笔直的黄金道；
我要的是一个男人的世界。

并非生活的全部，既然天亮了，就该是与情人分手，而去面对大海，面对太阳，
面对"男人的世界"的时候了。

DANTE GABRIEL ROSSETTI

但丁·加布里耶尔·罗塞蒂

　　但丁·加布里耶尔·罗塞蒂（1828—1882），诗人、画家，前拉斐尔派中心人物。出生于意大利移民家庭。深受意大利文艺复兴文学艺术影响。艺术上主张忠于自然，歌颂人间爱欲，崇尚唯美和神秘主义。代表作有《神女》、《生命之屋》等。

Sudden Light

I have been here before,
　　　But when or how I cannot tell:
I know the grass beyond the door,
　　　The sweet keen smell,
5　　　The sighing sound, the lights around the shore.

You have been mine before,
　　　How long ago I may not know:
But just when at that swallow's soar
　　　Your neck turned so,
10　　　Some veil did fall—I knew it all of yore.

Has this been thus before?
　　　And shall not thus time's eddying flight
Still with our lives our love restore
　　　In death's despite,
15　　　And day and night yield one delight once more?

顿　悟 [1]

我以前到这里来过
　　但何时或如何我说不明白：
我识得门外边那青青草叶、
　　那浓烈的香味、
那叹息的声音、那岸边荡漾的光波。　　　　　5

　　你以前曾经属于我——
　　　　我也许不知道是多久以前：
　　但就在那燕子翱翔的时刻，
　　　　你颈项一回转，
纱巾飘落——我知道那从前的一切。　　　　10

　　以前曾经是这样么？
　　　　难道时光飞逝的涡流
　　不会让爱情随生命复活，
　　　　置死亡于不顾，
昼夜不停地再生出同一场欢乐？　　　　　　15

【注释】

1. 此诗作于 1854 年，发表于 1863 年。

【评析】

对第一次见到的景物蓦然产生一种似曾相识之感，这是平常人都会有的，但又都"说不明白"的一种经验。神秘主义者（尤其是东方的）往往把这归因于前世的残留记忆。此诗的一、二两节的描写表明，这种"记忆"有时竟会那么鲜明具体："我知道那从前的一切"，但"不知道是多久以前"。第三节更显示诗人受东方神秘主义影响。西方人受古希腊哲学影响，一般认为时间是直线发展的，是不可逆转和重复的。而东方人（尤其是印度人）相信时间是循环运行的，因此一切都是周而复始的。正是基于这种时光像"飞逝的涡流"的信念，诗人才能指望"爱情随生命复活"，以重温从前的"同一场欢乐"。

　　这首诗主要还是写爱情的。诗人也许明知爱情和生命一样，一逝不返，却利用二者的这一相似联系，忽发奇想，希望逝去的爱情能像生死轮回一样再度降临。绝望中的希望，竟是这般无奈。

CHRISTINA GEORGINA ROSSETTI

克里斯蒂娜·乔治娜·罗塞蒂

克里斯蒂娜·乔治娜·罗塞蒂（1830—1894），女诗人。但丁·罗塞蒂之妹。虔信天主教。两次婚约都因宗教信仰分歧而解除，终生未嫁。其诗朴素、哀婉，多带有宗教象征和神秘色彩。英国现代女小说家弗吉尼娅·伍尔夫认为，在英国女诗人中，克里斯蒂娜·罗塞蒂当推第一。

A Birthday

My heart is like a singing bird
　　Whose nest is in a water'd shoot;
My heart is like an apple-tree
　　Whose boughs are bent with thick-set fruit;
5　　My heart is like a rainbow shell
　　That paddles in a halcyon sea;
My heart is gladder than all these,
　　Because my love is come to me.

Raise me a dais of silk and down;
10　　　Hang it with vair and purple dyes;
Carve it in doves and pomegranates,
　　And peacocks with a hundred eyes;
Work it in gold and silver grapes,
　　In leaves and silver fleurs-de-lys;
15　　Because the birthday of my life
　　Is come, my love is come to me.

【评析】

此诗主旨在于最后两行。原来这里的"生日"不是一般的生日，而是"生命

生　日

我的心好像是一只唱歌鸟，
　　筑巢在水灵灵的嫩枝丛里；
我的心好像是一棵苹果树，
　　枝桠被密匝匝的果实压低；
我的心好像是一枚虹彩贝，　　　　　　　　5
　　在宁静的大海里悠然嬉水；
我的心比所有这些都欢喜，
　　因为我的爱已来到我这里。

为我布置好铺丝绒的筵席；
　　给上面缀貂皮和紫红彩绦；　　　　　　10
给上面雕鸽子和石榴花儿，
　　和长着百只眼睛的孔雀鸟，
给上面镶金银打制的葡萄，
　　还有银白的百合花和叶子；
因为我生命的生日已来到，　　　　　　　15
　　我的爱已经来到了我这里。

的生日”。诗人的意思是说：有了爱情，我的生命才真正开始。前面的铺陈华饰
则是为了衬托一种手足无措、无法表达的喜悦之情。

Somewhere or Other

Somewhere or other there must surely be
　　The face not seen, the voice not heard,
The heart that not yet—never yet—ah me!
　　Made answer to my word:

5　　Somewhere or other, may be near or far;
　　Past land and sea, clean out of sight;
Beyond the wandering moon, beyond the star
　　That tracks her night by night:

Somewhere or other, may be far or near;
10　　With just a wall, a hedge, between;
With just the last leaves of the dying year
　　Fallen on a turf grown green.

【评析】

　　知音难遇，难在一个"缘"字，正所谓"有缘千里来相会，无缘对面不相识"。
此诗第一节即总括主旨：坚信世界之大，必有知音；所叹者机缘未到，尚不得相

某处或别处

某处或别处想必肯定会有
　未见过的脸、未听过的话音、
还未曾——从来不曾——啊呦！
　回答我的话的心。

某处或别处，无论是远还是近；　　　　　　　　5
　超越陆和海，极目望不见；
在漫游的月亮那边，在夜夜追寻
　她的那颗星那边。

某处或别处，无论是近还是远；
　中间只有一道篱、一道墙；　　　　　　　　10
只有濒死岁月的最后的叶瓣
　落在泛绿的草泥上。

见也。第二节极写可能有知音存在之处的遥远；而夜夜出没天际的月亮和星星似在暗示，时光悠悠，天缘难逢。第三节极写可能有知音存在之处的邻近；而四季循环，又一度冬去春来，为何还不见知音！

A Pause of Thought

I looked for that which is not, nor can be,
　　And hope deferred made my heart sick in truth:
　　But years must pass before a hope of youth
　　　　Is resigned utterly.

5　　I watched and waited with a steadfast will:
　　And though the object seemed to flee away
　　That I so longed for, ever day by day
　　　　I watched and waited still.

Sometimes I said: This thing shall be no more;
10　　My expectation wearies and shall cease;
　　I will resign it now and be at peace:
　　　　Yet never gave it o'er.

Sometimes I said: It is an empty name
　　I long for; to a name why should I give
15　　The peace of all the days I have to live? —
　　　　Yet gave it all the same.

Alas, thou foolish one! alike unfit
　　For healthy joy and salutary pain:
　　Thou knowest the chase useless, and again
20　　　　Turnest to follow it.

踌　躇

我寻找不存在、不可能存在的东西，
　　延迟的希望确曾使我心成病：
　　但多年以后，青年的希望才可能
　　　　完全彻底地放弃。

我守望，等待，凭着坚定的意念：　　　　　　　5
　　虽然我如此渴望的目标好似
　　已经逃逸而去，但日复一日
　　　　我守望，等待依然。

有时我说：这东西将不会再有；
　　我的期盼已厌倦，并将绝断；　　　　　　　10
　　我现在就要放弃它，从此心安：
　　　　然而却从不撒手。

有时我说：我所渴望追求
　　不过是虚名；为何竟为一虚名
　　奉献我一生一世应有的安宁？——　　　　　15
　　　　然而却奉献照旧。

唉，傻瓜！你同样不堪消受
　　健康的欢乐以及有益的痛苦：
　　你明知这追逐徒劳无功，却再度
　　　　转身去把它追求。　　　　　　　　　　20

【评析】

　　诗中的发言者追求什么，事业？爱情？诗人没有具体明说。但可以肯定，她追求的是某种对她具有重大意义，却又很难实现的理想甚至幻想，希望渺茫。在理智上，她认识到那"不过是虚名"，"明知这追逐徒劳无功"，但犹豫再三，欲罢不能，最后仍"转身去把它追求"，甚至不惜"奉献我一生一世应有的安宁"。

　　这首诗里没有什么意象，完全用直白的陈述句，却恰如其分地再现了一个人左思右想、絮絮自语的"内心"活动。

Up-Hill

Does the road wind up-hill all the way?
　　Yes, to the very end.
Will the day's journey take the whole long day?
　　From morn to night, my friend.

5　But is there for the night a resting-place?
　　A roof for when the slow dark hours begin.
May not the darkness hide it from my face?
　　You cannot miss that inn.

Shall I meet other wayfarers at night?
10　　Those who have gone before.
Then must I knock, or call when just in sight?
　　They will not keep you standing at that door.

Shall I find comfort, travel-sore and weak?
　　Of labour you shall find the sum.
15　Will there be beds for me and all who seek?
　　Yea, beds for all who come.

【注释】

1. 此诗作于 1858 年。

【评析】

一问一答，贯穿始终，构成全诗。明白无疑，这是有关死亡必然性的寓

上　山 [1]

这条路可一直上山？
　　是，直到山头。
白天旅程可要花整整一天？
　　从早到晚，朋友。

可是有无过夜的休憩之地？　　　　　　　　　5
　　迟暮时刻开始时有屋顶一片。
夜色不会把它从眼前藏匿？
　　你不会错过那客栈。

夜里我可会遇见别的远行者？
　　先前去了的朋友。　　　　　　　　　　10
我必须敲门，还是远远就吆喝？
　　他们不会让你老站在那门口。

我疲惫、虚弱，可会找到安慰？
　　你会找到劳苦的总账。
为我和所有求宿者可备有床位？　　　　　15
　　有，来者都有床。

言。人生好比登山，劳苦疲累，不得休息，似乎就是为了寻找一片"休憩之
地"和"安慰"，然而真正得到休息之时，也就是大限到来之日。人生就是
这样，充满了悖论和讽刺。我们往往只顾赶路，却忘了观景，何不放慢脚步，
且行且珍惜呢？

JOSEPH RUDYARD KIPLING

约瑟夫·拉德亚德·吉卜林

约瑟夫·拉德亚德·吉卜林（1865—1936），小说家、诗人。生于印度。童年和少年时期在英国受教育。1882年回到印度，从事新闻工作。主要作品有长篇小说《吉姆》、诗集《兵营谣曲》、童话《丛林之书》等。1907年获诺贝尔文学奖。

The Way through the Woods

They shut the road through the woods
Seventy years ago.
Weather and rain have undone it again;
And now you would never know
5   There was once a road through the woods
Before they planted the trees.
It is underneath the coppice and heath,
And the thin anemones.
Only the keeper sees
10   That, where the ring-dove broods,
And the badgers roll at ease,
There was once a road through the woods.

Yet, if you enter the woods
Of a summer evening late,
15   When the night-air cools on the trout-ringed pools
Where the otter whistles his mate,
(They fear not men in the woods,
Because they see so few)
You will hear the beat of a horse's feet,
20   And the swish of a skirt in the dew,
Steadily cantering through
The misty solitudes,
As though they perfectly knew

林间的道路

七十年以前
他们封闭了林间的那条道。
风雨已经将它破坏；
如今你绝不会知道
在他们栽种这些树木之前　　　　　　　　5
曾经有条路从这树林间穿过。
它在矮树和石楠
还有纤细的银莲花下面隐没。
只有护林人看得出
在那林鸽抱窝，　　　　　　　　　　　10
獾子悠闲打滚儿的地方，
曾经有条路从这树林间穿过。

然而，如果你在一个夏晚
走进这片林场，
夜气在鳟鱼吐圈儿的池水上变凉时，　　15
在水獭呼唤配偶的地方，
（它们在树林里并不怕人，
因为它们极少看见人。）
你就会听到一匹马的踏蹄声
和一条裙子在露水中的窸窣声　　　　20
平稳从容地穿行于
这雾霭笼罩的孤寂之处，
似乎她们十分熟悉

The old lost road through the woods...

25　　　But there is no road through the woods.

【评析】

　　一条路从地上消失了，几乎已完全不为人知，但它的"存在"并未因此而停止。路似乎也有灵魂，它继续存在于少数知情人的记忆之中，连同与它有关的一些美

　　那条消失于林间的老路……
　　可现在林间并没有道路。　　　　　　　　　　　　25

丽传说。

　　这首诗似借鉴了童话写法，神秘的气氛里透出怀旧的情绪。

W. B. YEATS

威廉·巴特勒·叶慈

威廉·巴特勒·叶慈（1865—1939），又译叶慈。诗人、剧作家。生于爱尔兰都柏林一画家家庭。在伦敦受初等教育。年轻时兴趣广泛：学过画；很早就诗名显著；曾发起爱尔兰文学复兴运动，创建艾贝剧院，任经理和导演；关心民族政治运动，一度参加爱尔兰共和兄弟会；痴迷东、西方神秘主义宗教和哲学。1922 年爱尔兰自由邦建立，当选为参议员。1923 年获诺贝尔文学奖。一生创作颇丰，其诗吸收浪漫主义、唯美主义、神秘主义、象征主义、玄学诗的精华，几度变革，最终熔炼出独特的风格。他的艺术探索道路被视为英诗主流从传统向现代过渡的缩影。有人认为他不是现代派，而最具现代性。同时代另一位大诗人托·斯·艾略特称他是"二十世纪英语世界最伟大的诗人"。代表作有诗集《苇间风》、《碉楼》、《旋梯》等。

The Lake Isle of Innisfree

I will arise and go now, and go to Innisfree,
And a small cabin build there, of clay and wattles made;
Nine bean rows will I have there, a hive for the honey bee,
And live alone in the bee-loud glade.

5   And I shall have some peace there, for peace comes dropping slow,
Dropping from the veils of the morning to where the cricket sings;
There midnight's all a glimmer, and noon a purple glow,
And evening full of the linnet's wings.

I will arise and go now, for always night and day
10   I hear lake water lapping with low sounds by the shore;
While I stand on the roadway, or on the pavements gray,
I hear it in the deep heart's core.

【注释】

1. 此诗作于 1890 年。因尼斯弗里：盖尔语，义为"石楠岛"，是爱尔兰西

湖岛因尼斯弗里 [1]

我要起身前去，前去因尼斯弗里， [2]
用树枝和着泥土，在那里筑起小屋：
我要种九垄菜豆，养一箱蜜蜂在那里，
在蜂鸣的林间空地独居。

我将享有些安宁，安宁缓缓滴零，　　　　　　　　　5
从清晨的面纱滴零到蟋蟀鸣唱的地方；
那里夜半幽清，正午紫光耀明，
黄昏织满了红雀的翅膀。

我要起身前去，因为每夜每日
我总是听见湖水轻舐湖岸的低音；　　　　　　　　10
站在马路上，或灰色的人行道上之时，
我都在心底里听见那声音。

部斯来沟郡吉尔湖中一小岛名。

　2. 仿《新约·路加福音》第十五章第十八节句："我要起身，前去我父亲那里。"

【评析】

　　1890 年的一天，叶慈怀着浓重的乡愁走在伦敦弗利特街上，忽听水声叮咚，抬眼看见一家商店的橱窗里竟有一股小小喷泉，上托一小球。此景使他蓦然忆起故乡斯莱戈的湖水，于是便产生了这首"初次具有我自己的音乐节奏的抒情诗"。

　　叶慈少年时曾听父亲读亨利·大卫·梭罗的《瓦尔登湖》，从此有志于模仿这位"美国的孔子"，远离尘嚣，去无人的小岛上去过自食其力的"修行"生活，以求在孤寂中接近大自然，体验人生的真义。诗的首节便道出这种愿望，接着诗人凭借想象，把从未去过的湖岛描绘成可以安憩的世外仙乡。最后，梦魂又回到灰色的现实中，但梦想中的水声却长留心底，诗人避世隐居的渴望更加强烈了。

诗中的声音和色彩效果的运用相当成功。首节以"蜂吟嗡嗡"反衬寂静，与"蝉噪林愈静，鸟鸣山更幽"异曲同工。次节"滴零"一词将"宁静"具象化为朝露，使人如闻其声，如见其形。末节"灰色"一词倒置在行尾，一来是为了押韵，二来是为了强调，表示诗人对丑陋现实的厌恶之情。

虽然此诗非常流行，叶慈本人后来对它却不甚满意："我开始放松节奏，以避免夸饰和它所带来的俗众的感情，但我仅仅偶尔而模糊地理解到我必须只用普通句法为我的特殊目的服务。倘在两三年后，我就不会在第一行用'起身离去'这种老套子，也不会在末行用倒装句式了"（《自传》1926）。

When You Are Old

When you are old and grey and full of sleep,
And nodding by the fire, take down this book,
And slowly read, and dream of the soft look
Your eyes had once, and of their shadows deep;

5 How many loved your moments of glad grace,
And loved your beauty with love false or true,
But one man loved the pilgrim soul in you,
And loved the sorrows of your changing face;

And bending down beside the glowing bars,
10 Murmur, a little sadly, how Love fled
And paced upon the mountains overhead
And hid his face amid a crowd of stars.

【评析】

此诗是仿法国诗人彼埃尔·德·龙沙（1524—85）的同名十四行诗而作，写给叶慈的痴恋对象茉德·冈的。从语法看，原诗通篇只是一句话，故译诗也尽量做到全文一气贯通。节奏上，原诗为抑扬五音步格（iambic pentametre），即每行五个音步，每音步两个音节，前音轻而后音重；如此四行组成一节，全诗共三节。形式十分整齐。译诗亦模拟其构造规律：每行五音顿，十二个汉字（音节，包括停顿），四行一节，全诗三节，同样整齐，除了音节数不同和轻重音无法模仿之外。

当你年老时

当你年老，头白，睡意沉沉，
在火旁打盹之时，取下这书，
慢慢诵读，梦忆从前你双眸
神色柔和，眼波中倒影深深；

许多人爱你欢快迷人的时光，　　　　　　　5
爱你的美貌出自假意或真情，
而惟有一人爱你灵魂的至诚，
爱你渐衰的脸上那缕缕忧伤；

然后弓着身子在炽红的炉边，
凄然低诉：爱神竟如何逃走，　　　　　　10
在头顶之上群山巅信步漫游，
把他的面孔隐没在繁星中间。

原诗韵式是 abba，即一、四行同韵，二、三行同韵，此所谓合抱韵；三节相同，给人的视听感觉是，三节诗好像三本摆在一起的三卷硬皮书。英文"book"一词既可指书，亦可指本子。实际上，这里是指诗人送给女友的抄有情诗的硬皮笔记本。译诗完全模仿原诗的韵式。倒数第三行大写的"Love"一词，一般译为"爱情"，是不对的。实际上，在诗歌中，此词往往指男性的长翅膀的小爱神丘比特（爱情女神维纳斯之子，专司为有情人牵红线者），译成"爱神"，才是正确的，最后一行的物主代词"his"也才有着落。总的看来，从内容到形式、语气和风格，译

诗都尽量贴近原诗，力求全面的准确。

　　龙沙原诗为《赠埃伦娜的十四行诗》之第二卷第四十三首，拙译如下：

　　当您年老了，在夜晚秉着烛光，
　　坐在炉火的旁边，一边纺着线，
　　一边吟诵着我的诗，且自惊叹：
　　"龙沙曾经赞颂我貌美的时光。"

　　您这话并非有意让女仆听见，
　　她劳累之下早已经半入梦境，

可一听我的名字就翻然清醒，
庆贺您的名字受到不朽礼赞。

我在地底下，作了无骨的幽灵，
在香桃树荫之下找到了安宁；
您却成了伛偻向火的老太婆，

后悔我的爱遭到了您的轻慢。
相信我，且自行乐，别等到明天：
趁今天就把生命的玫瑰采撷。

Father and Child

She hears me strike the board and say

That she is under ban

Of all good men and women,

Being mentioned with a man

5　That has the worst of all bad names;

And thereupon replies

That his hair is beautiful,

Cold as the March wind his eyes.

【注释】

1. 叶慈与女儿安的一次对话实录，约作于 1928 年，其时安应为 9 岁。

2. 指叶慈。另说指一位名叫佛戈斯·菲茨杰拉德的朋友。

父与女 [1]

她听见我在拍案诉说
所有的善男好女
都把她诅咒谴责，
一并提到的还有
一个骂名昭著的男人； [2]　　　　　　　　5
于是随口回应：
他的头发美丽，
眼波清冷像三月风。

【评析】

　　父亲一本正经地以戏言相逗，女儿的回答却出于一片纯真。有研究者指出，此诗旨在传达小女孩对男性美的最初印象。

Lapis Lazuli

(For Harry Clifton)

I have heard that hysterical women say
They are sick of the palette and fiddle-bow.
Of poets that are always gay,
For everybody knows or else should know
5   That if nothing drastic is done
Aeroplane and Zeppelin will come out.
Pitch like King Billy bomb-balls in
Until the town lie bearen flat.

All perform their tragic play,
10   There struts Hamlet, there is Lear,
That's Ophelia, that Cordelia;
Yet they, should the last scene be there,
The great stage curtain about to drop,
If worthy their prominent part in the play,
15   Do not break up their lines to weep.
They know that Hamlet and Lear are gay;
Gaiety transfiguring all that dread.
All men have aimed at, found and lost;
Black out; Heaven blazing into the head:
20   Tragedy wrought to its uttermost.
Though Hamlet rambles and Lear rages,
And all the drop-scenes drop at once

天青石雕

（为哈里·克利夫顿作）

我曾听歇斯底里的女人
说她们厌恶调色板和提琴弓，
厌恶总是快活的诗人，[1]
因人人皆知，否则也该懂：
假如不采取激烈手段，　　　　　　　　　5
飞机和飞艇就会出动，
像比利王那样扔下炸弹[2]
直到这城市被摧毁夷平。

都在扮演各自的悲剧，
那儿有哈姆雷，那儿有李尔王，　　　　10
那是奥菲莉，那是考娣莉；[3]
可是，若演到最后一场，
巨大的幕布即将落地，
若剧中的显要角色还值得，
他们就不会中断而哭泣。　　　　　　　15
他们懂哈姆雷和李尔快乐；[4]
快乐改变着恐惧的众生。
都曾追求、寻获和丧失；
灯暗；天堂光照进头顶：
悲剧被搬演达到了极致。　　　　　　　20
哈姆雷彷徨，李尔怒狂，
所有的布景都同时降落

Upon a hundred thousand stages,

It cannot grow by an inch or an ounce.

25　　　On their own feet they came, or on shipboard,

Camel-back; horse-back, ass-back, mule-back,

Old civilisations put to the sword.

Then they and their wisdom went to rack:

No handiwork of Callimachus,

30　　　Who handled marble as if it were bronze,

Made draperies that seemed to rise

When sea-wind swept the corner, stands;

His long lamp-chimney shaped like the stem

Of a slender palm, stood but a day;

35　　　All things fall and are built again,

And those that build them again are gay.

Two Chinamen, behind them a third,

Are carved in lapis lazuli,

Over them flies a long-legged bird,

40　　　A symbol of longevity;

The third, doubtless a serving-man,

Carries a musical instrument.

Every discoloration of the stone,

Every accidental crack or dent,

45　　　Seems a water-course or an avalanche,

Or lofty slope where it still snows

Though doubtless plum or cherry-branch

在成千上万座舞台之上，
悲剧也不能再发展分毫。

他们来了：徒步，或乘船，　　　　25
骑马，骑骡，骑驴，骑驼，[5]
古老的文明遂面临刀剑。
他们同智慧[6]就走向毁灭：
伽里玛科斯刻石如雕铜；[7]
他刻的衣纹，当海风吹袭　　　　30
这角落，仿佛飘飘飞动；
其作品如今无一站立；
他那棕榈树形的长灯罩
站立的时间不过一夜；
一切都倾倒又被重造，　　　　35
重造一切者都很快乐。

天青石上刻着俩中国佬，
身后还跟着第三个人；
他们头上飞着只长腿鸟[8]，
那是长生不老的象征；　　　　40
第三位无疑是个仆人，
随身携带着一件乐器。

石上每一片褪色的斑痕，
每一处偶然的凹窝或裂隙
都像是一道河流或雪崩，　　　　45
或依然积雪的高坡峻岭，
虽然杏花或樱枝很可能

Sweetens the little half-way house

Those Chinamen climb towards, and I

50   Delight to imagine them seated there;

There, on the mountain and the sky,

On all the tragic scene they stare.

One asks for mournful melodies;

Accomplished fingers begin to play.

55   Their eyes mid many wrinkles, their eyes,

Their ancient, glittering eyes, are gay.

【注释】

1. 调色板、提琴弓和诗人分别代表视觉艺术、音乐和文学，它们为热衷于政治的人们所鄙弃，面临毁灭的危险。叶慈作此诗时，欧洲正笼罩着对可能爆发的战争的恐慌。

2. 在 1690 年的波义尼战役中，英王威廉三世（1650—1702）击败詹姆斯二世。有民谣描述他使用炸弹的情景。在第一次世界大战中，德皇威廉二世（1859—1941）曾使用齐卜林飞艇空袭伦敦。比利是威廉的昵称，故此处一语双关。

3. 均为英国戏剧家威廉·莎士比亚（1564—1616）笔下的悲剧人物。

薰香了半山腰那小凉亭——

中国佬正朝它攀登；我乐于

想象他们在那里坐定；   50

在那里，凝望山峦和天宇，

注视一切悲剧的场景。

有一位要听悲悼的曲风；

娴熟的手指就开始弹拨。

他们皱纹环绕的眼睛，   55

苍老、炯炯的眼睛，明澈。

---

4. 爱尔兰剧作家格雷戈里夫人说："悲剧对于死者来说必定是一种快乐。"因为他们找到又失去了人们所追求的一切。

5. 指埃及人、阿拉伯人、基督教徒和伊斯兰教徒。

6. 指古希腊人及其文明。

7. 公元前 5 世纪希腊雕刻家，发明以旋凿雕刻衣纹，曾为雅典守护神庙制作一盏金灯及一个棕榈树形的青铜长灯罩。

8. 指仙鹤。

【评析】

　　1935 年 7 月 4 日，70 岁的叶慈收到友人哈里·克利夫顿赠送的一件珍贵的生日礼物——一块中国乾隆年间的天青石雕。雕刻的题材是我国传统艺术中常见的高士携琴访友图，石雕背面有乾隆皇帝御题诗一首《春山访友》："绿云红雨向清和，寂寂深山幽事多；曲径苔封人迹绝，抱琴高士许相过。"大概从那天起，叶慈就开始酝酿这首直接与中国文化有关的名诗了。他不懂中文，当然对中国的隐士文化不甚了了。在宁静平和的东方艺术的对比下，他关注的重点在于西方（欧洲）当前的悲剧性时局以及对悲剧的哲学审视。翌日，他写信给女诗人多萝西·韦尔斯利说："有人送给我一大块天青石做礼物，上面有中国雕刻家刻的山峦、庙宇、树木、小径和正要登山的隐士和弟子。隐士、弟子、顽石等是重感觉的东方的永恒主题。绝望中英雄的呼喊。不，我错了，东方永远有自己的解决办法，因此对悲剧一无所知。是我们，而不是东方，必须发出英雄的呼喊。"他最初的构思侧重于东、西方对待悲剧的不同态度，似乎一为消极避世，一为积极入世，但 1936 年 7 月 25 日诗成之后，主题变得更加丰富了。叶慈自认为它"几乎是我近年来所写得最好作品"（《致多萝茜·韦尔斯利谈诗书信集》）。

　　这首诗包括一系列叶慈创作中常见的主题：我们时代的文明即将终结的预言；人类文明兴衰的循环重复的观念；艺术和哲学永恒不朽的信念等。但诗的结构奇特，诗人只提供了一些似乎相对独立的诗节，它们之间的联系和顺序要待读者自己来建立，亦即诗的最后形态要由读者来组合。

　　第一节写人类文明（在西方以基督教文化为代表）发展到现代，已接近又一个循环的终点（叶慈相信历史循环说，认为人类文明两千年一更替。从耶稣降生至今，已将近两千年），战争的危机笼罩着欧洲，作为文明标志的所有艺术（调色板、提琴弓、诗人分别代表视觉艺术、音乐和文学）都面临毁灭。世俗的女人们摒弃艺术而热衷政治，因而丧失了固有的美。面对将临的灾难，与她们的惊恐不安相反，诗人们"总是快活的"，因为历史是循环的，毁灭之后，必有重建。暂时的政体免不了倾覆，而永恒的艺术只有更新，不会消亡。

　　第二节写文学中固有的令人快乐的性质。叶慈的好友、剧作家格雷戈里夫人曾说："悲剧对于死者来说必定是一种快乐"，因为他们找到又失去了所有人们所追求的东西。这是艺术家虚构的英雄面对悲剧时的心情。英雄的精神不死，他毁灭之时也就是他完善之时，意识到这一点必然是快乐的，所以说，"悲剧上演到极致"。

　　第三节以视觉艺术为例，写在人类文明的不断更替中，艺术和创造艺术的人都毫无例外要遭到毁灭。当亚细亚势力横扫欧洲时，作为上一个循环的代表，古希腊文明遭到了破坏。面对衰亡，对人类文明贡献最多的艺术家仍然乐观，因为他们知道"一切都倾倒又被重造"。

　　第四节点题，客观地描写了天青石雕的形貌。那象征长生不老的"长腿鸟"应当是仙鹤。这种陌生化的写法写出了异国情调。

　　第五节对前一节进行主观发挥。诗人介入了场景。他不仅描写实物上有的景色，而且表现了那上面所没有的东西。他不满足于静态描写，而是像济慈在《希腊古瓮颂》里所做的那样，运用想象，让雕刻的人物"活"起来，登上山去，像真正的古老的东方人那样，超然静观展现在他们脚下的"悲剧的场景"，同时以娴熟的技艺，奏响"悲悼的曲子"。其实，他们的艺术也许已高度程式化，内容不再那么重要，所以欣赏它的中国人是平和的。

Politics

"In our time the destiny of man presents its meanings in political terms."

—*THOMAS MANN*

How can I, that girl standing there,
My attention fix
On Roman or on Russian
Or on Spanish politics?
5　Yet here's a travelled man that knows
What he talks about,
And there's a politician
That has read and thought,
And maybe what they say is true
10　Of war and war's alarms,
But O that I were young again
And held her in my arms!

【注释】

1. 1938 年 3 月，《耶鲁评论》刊登了美国诗人阿奇波尔德·麦克利什所写的《诗歌中的公共话语和私人话语》一文。文中赞扬了叶慈诗中的"公共话语"，但暗示他应当把这种"话语"用于写政治题材。叶慈即作此诗作为"回答"。原

政　治 [1]

"在我们的时代，人类命运通过政治呈现其意味。"
　　　　　　　　　　　　　　　——托马斯·曼 [2]

那女孩站在那里，我怎能
集中思想
在罗马或俄罗斯
或西班牙的政治上？
这儿倒有位多识之士　　　　　　　　　　　　5
清楚他谈论的是什么；
那儿还有位既博学
又有思想的政客；
关于战争和战争警报，
他们所说的也许是实情；　　　　　　　　　　10
可是呵，但愿我再度年轻，
把她揽在我怀中！

题作《主题》。

2. 托马斯·曼（1875—1955）：德国小说家。他的这句话是叶慈从麦克利
什的文章中转引的。

【评析】

　　叶慈并非没有写过政治题材，但在他看来，生命、青春、爱情才是诗的更重要的主题。诗不应也不能干预政治，尤其是在第二次世界大战迫在眉睫、欧洲局势紧张混乱的当时。他早在另一首诗《有人求作战争诗感赋》中就曾写道："我想在这样的时代里，　/　诗人最好沉默，因为实际上　/　我们没有天赋纠正一个政客。"另一位后辈诗人奥登似乎也有同感，他后来在《纪念威·巴·叶慈》一诗中写道："诗不会使什么事情发生。"意思也是说，诗无法直接干预行动，诗有诗的本分，诗就是诗。

　　据叶慈自己说，此诗所依据的并非"一个真实事件，而是片刻之冥想"。然而，这冥想很可能不是完全凭空虚构，而是基于真实的回忆。叶慈于1922—1928年间任爱尔兰自由邦参议员，对于自己感兴趣的提案积极参与讨论，而对于自己不懂的议题则明智地保持沉默。可以想象，在后一种情况下，无聊的诗人能不走神吗？走神的诗人能不对在议会端茶倒水送文件的年轻漂亮的女服务员想入非非吗？

WILLIAM HENRY DAVIES

威廉·亨利·戴维斯

威廉·亨利·戴维斯（1871—1940），诗人。年轻时曾去过美国，流浪多年，自学成才。著有《一个超级流浪汉的自传》，受到大作家萧伯纳赏识。其诗作多记录对自然界的敏锐观察和强烈反应。代表诗集是《灵魂的毁灭者》。

Leisure

What is this life if, full of care,
We have no time to stand and stare?

No time to stand beneath the boughs
And stare as long as sheep and cows.

5　　No time to see, when woods we pass,
Where squirrels hide their nuts in grass.

No time to see, in broad daylight,
Streams full of stars, like skies at night.

No time to turn at Beauty's glance,
10　　And watch her feet, how they can dance.

No time to wait till her mouth can
Enrich that smile her eyes began.

A poor life this, if full of care,
We have no time to stand and stare.

【评析】

　　让生活"充满忧思",碌碌奔忙,把时间全都花费在谋生和争名逐利上,而

闲　暇

这生活如何，若充满忧思，
我们没时间，伫立和凝视。

没时间伫立，在树枝下面
久久地凝视，像牛羊一般。

没时间观看，走过树林时，　　　　　　　　5
松鼠在草中，何处藏果实。

没时间观看，明朗日光中，
溪水盛星星，像夜晚天空。

没时间回顾，美人的明眸，
注视她的脚，舞步多娴熟。

没时间等待，待到她的嘴　　　　　　　　10
给眼角微笑，更添几分媚。

这生活可怜，若充满忧思，
我们没时间，伫立和凝视。

不知闲暇之可贵，这是在消耗，而不是在享受人生。此诗抒发着对现代（尤其是城市）人被异化、疏远自然、丧失自由的“可怜”境遇的感叹。

WALTER DE LA MARE

瓦尔特·德拉·梅尔

瓦尔特·德拉·梅尔（1873—1956），出生于肯特郡。在伦敦圣保罗大教堂合唱学校上过学。由于升不起学，中学毕业后在一家石油公司当小职员。1895 年开始发表诗作。1902 年用笔名沃尔特·拉马尔出版第一本诗集《童年之歌》，初露头角。1908 年获政府年金，遂得以专事写作。著有十余本诗集，其中最有名的是《倾听者及其它》（1912）。另外，他还著有五部长篇小说、五本短篇小说集。1953 年获功勋奖章。

德拉梅尔的诗精致细腻，技巧娴熟，形式工整而多变，颇受艾略特、奥登等后辈诗人的推崇。但他的诗乃是继承 19 世纪浪漫主义乃至更早的英诗传统之余绪，与现代主义并无瓜葛。他在长诗《飞车》中宣称：诗是用语言"忠实而完美地保存不可表达的东西的尝试"。故其诗风简而不陋，奇而不怪，兼有叙事、描写和戏剧表现之美，往往给读者留有发挥想象的余地。其大量"儿童诗"单纯而不乏深意，有人比诸威廉·布雷克，但其作品绝不晦涩。然而其题材似不够"现代"，色调阴暗沉郁，人生无常、俗世险恶、追求徒劳之类的感叹占据了其创作的中心位置，尽管奥登称誉他的技巧和智慧不断成熟，直至生命的终点。

The Listeners

"Is anybody there?" said the Traveler,

 Knocking on the moonlit door;

And his horse in the silence chomped the grasses

 Of the forest's ferny floor.

5 And a bird flew up out of the turret,

 Above the traveler's head:

And he smote upon the door a second time;

 "Is there anybody there?" he said.

But no one descended to the Traveler;

10 No head from the leaf-fringed sill

Leaned over and looked into his gray eyes,

 Where he stood perplexed and still.

But only a host of phantom listeners

 That dwelt in the lone house then

15 Stood listening in the quiet of the moonlight

 To that voice from the world of men:

Stood thronging the faint moonbeams on the dark stair

 That goes down to the empty hall,

Hearkening in an air stirred and shaken

20 By the lonely Traveler's call.

And he felt in his heart their strangeness,

 Their stillness answering his cry,

While his horse moved, cropping the dark turf,

 'Neath the starred and leafy sky;

25 For he suddenly smote the door, even

倾听者

"里边有人吗？"旅客扬声问，

　　月光下把门扉叩敲；

寂静中他的马大声咀嚼

　　林间空地上的蕨草：

一只鸟自望楼惊起飞出，　　　　　　　　　　5

　　在旅客头顶上盘旋：

他再次重重擂击那扇门；

　　"里边有人吗？"他高喊。

但无人下楼来迎接旅客；

　　无人从荫翳的窗台　　　　　　　　　　　10

俯身窥视他灰色的双眼，

　　他僵立在下边发呆。

唯有当时在孤宅中寄居，

　　一群充听众的幽魂

在月色静谧中伫立倾听　　　　　　　　　　15

　　那来自人间的声音：

在淡淡月光里挤满下通

　　空厅的那幽暗楼梯，

细听着，四周是寂寞旅客

　　叫喊声搅动的空气。　　　　　　　　　　20

他心中感到他们的陌生，

　　他们以静默应答他；

他的马走动着啃食草皮，

　　在星辉叶影天空下；

突然他更响亮擂击大门，　　　　　　　　　　25

Louder, and lifted his head: —

"Tell them I came, and no one answered,

That I kept my word," he said.

Never the least stir made the listeners,

30   Though every word he spake

Fell echoing through the shadowiness of the still house

From the one man left awake:

Aye, they heard his foot upon the stirrup,

And the sound of iron on stone,

35 And how the silence surged softly backward,

When the plunging hoofs were gone.

【评析】

  此诗颇像是从一部长篇叙事诗截取的片段。旅客是谁，生活在什么时代，来自何处，为何而来，都没有交代。我们的所知仅限于这片断的场景：从 27—28 行旅客的喊话可知，他是赴约而来；然而，有约的另一方却没有露面，等待他的是并高昂起他的前额——

　　"告诉他们我来过，没人应，

　　　　我信守了诺言，"他说。

那些倾听者一动也不动，

　　尽管他说的每个字　　　　　　　　　　　　　30

落自这唯一不眠人之口，

　　回荡在幽宅阴影里：

噫，他们听见他脚踩马镫，

　　蹄铁在石上的铿锵；

奔驰的马蹄声远逝之后，　　　　　　　　　　35

　　寂静又轻柔地回涨。

一座孤寂的大宅和成群的鬼魂。宅子的主人是睡，是死，是亡？肯定发生了什么变故。那些鬼魂又是谁，与宅子的主人有何关系？此约也许是多年前订下，关乎宅中人生死存亡的？旅客虽然践约，但晚来了一步？这些都只能任读者猜测。诗人在给我们留下诸多悬念的同时，细致而具体地渲染了月夜幽宅的阴森神秘气氛。

Napoleon

"What is the world, O soldiers?

It is I:

I, this incessant snow,

This northern sky;

5   Soldiers, this solitude

Through which we go

Is I."

【注释】

　　1. 拿破仑·波拿巴（1769—1821）：法国政治家、军事家，法兰西第一帝国的缔造者。大半生东征西讨，纵横欧洲大陆。

拿破仑 [1]

"士兵们哟，世界是什么?
　　那就是我:
我，这不停的雪，
　　这北方的天空;
士兵们，我们穿越的　　　　　　　　　5
　　这片荒野
　　　　就是我。"

【评析】

诗人借拿破仑之口喊出"世界即我，我即世界"的豪语，似乎意在表现这位伟人极度自负和孤独的心态。但也许我们还可以这样理解:即一切皆由心生，人的一切活动其实都是为了满足自己的心愿和欲望。拿破仑志在征服世界，最终是要征服自己，征服自己的野心。

T.S. ELIOT

托马斯·斯特恩斯·艾略特

托马斯·斯特恩斯·艾略特（1888—1965），现代主义代表诗人、评论家、剧作家。生于美国。在哈佛大学获哲学硕士学位。1914年赴英国求学，开始文学生涯。1927年加入英国国籍和国教会。自称"在文学上是古典主义者，政治上是保皇党，宗教上是英国天主教徒"。1948年获诺贝尔文学奖。早年杰作长诗《荒原》内容庞杂、意义隐晦、用典繁多，暗示现代人精神异化、文明衰朽的危机，开欧美现代派一代诗风。中、晚期向正统基督教靠拢，艺术也趋于回归传统。代表作有《圣灰星期三》、《四个四重奏》等。他是20世纪前期最有影响的英国诗人，他的名字几乎成了英诗中现代主义的同义语。

Rhapsody on a Windy Night

Twelve o'clock.

Along the reaches of the street

Held in a lunar synthesis,

Whispering lunar incantations

5   Dissolve the floors of memory

And all its clear relations,

Its divisions and precisions,

Every street lamp that I pass

Beats like a fatalistic drum,

10   And through the spaces of the dark

Midnight shakes the memory

As a madman shakes a dead geranium.

    Half-past one,

The street-lamp sputtered,

15   The street-lamp muttered,

The street-lamp said, "Regard that woman

Who hesitates toward you in the light of the door

Which opens on her like a grin.

You see the border of her dress

20   Is torn and stained with sand,

And you see the corner of her eye

Twists like a crooked pin."

    The memory throws up high and dry

风夜狂想曲 [1]

十二点钟。

沿着一片月光

笼罩的街区，

喃喃低诵的月亮咒语

消溶着记忆的层面　　　　　　　　　　　　　　5

及其所有清楚的关系——

其分区和精度；

我经过的每一盏街灯

都像宿命的鼓敲击着；

穿过黑暗的空间，　　　　　　　　　　　　　　10

子夜摇晃着记忆，

像一个疯人摇晃一株枯死的天竺葵。

　一点半，

街灯喋喋不休，

街灯喃喃低语，　　　　　　　　　　　　　　　15

街灯说："瞧那女人，

她在那门洞的光影里朝你犹豫着，

那门洞向她敞开，像咧嘴的笑。

你看她那衣裙的边缘

已被撕破，并沾满沙土，　　　　　　　　　　　20

你再看她的眼角

弯曲得像回形针。"

　记忆高高抛起一大堆

A crowd of twisted things;

25   A twisted branch upon the beach

Eaten smooth, and polishcd

As if the world gave up

The secret of its skeleton,

Stiff and white.

30   A broken spring in a factory yard,

Rust that clings to the form that the strength has left

Hard and curled and ready to snap.

Half-past two,

The street-lamp said,

35   "Remark the cat which flattens itself in the gutter,

Slips out its tongue

And devours a morsel of rancid butter."

So the hand of the child, automatic,

Slipped out and pocketed a toy that was running along the quay.

40   I could see nothing behind that child's eye.

I have seen eyes in the street

Trying to peer through lighted shutters,

And a crab one afternoon in a pool,

An old crab with barnacles on his back,

45   Gripped the end of a stick which I held him.

Half-past three,

The lamp sputtered,

The lamp muttered in the dark.

The lamp hummed:

干枯而扭曲的东西；

海滩上一根扭曲的树枝　　　　　　　　　　　25

被海水舔得平滑而光洁，

仿佛这世界交出了

它的骨骼的秘密，

僵硬而苍白。

一家工厂院落里的一根破弹簧，　　　　　　　30

铁锈紧附着被力量遗弃的形体，

脆硬而卷曲，随时都可能折断。

　　两点半，

街灯说：

"瞧那只猫，它平躺在明沟里，　　　　　　　35

伸出舌头

吞食一块酸臭的黄油。"

于是那孩子的手，不由自主地

伸出，把一只正沿着码头奔驰的玩具装入衣袋。

我从那孩子的眼睛背后什么也看不出。　　　40

我曾看见街上的眼睛

试图窥透亮着灯光的百叶窗；

一天下午一个水池里的一只螃蟹，

一只背上长着藤壶的老螃蟹，

钳住了我伸给它的棍子头。　　　　　　　　45

　　三点半，

那灯喋喋不休，

那灯在黑暗里喃喃低语。

那灯咕咕哝哝：

50 "Regard the moon,

La lune ne garde aucune rancune,

She winks a feeble eye,

She smiles into corners.

She smooths the hair of the grass.

55 The moon has lost her memory.

A washed-out smallpox cracks her face,

Her hand twists a paper rose,

That smells of dust and eau de Cologne,

She is alone

60 With all the old nocturnal smells

That cross and cross across her brain."

The reminiscence comes

Of sunless dry geraniums

And dust in crevices,

65 Smells of chestnuts in the streets,

And female smells in shuttered rooms,

And cigarettes in corridors

And cocktail smells in bars.

The lamp said,

70 "Four o'clock,

Here is the number on the door.

Memory!

You have the key,

The little lamp spreads a ring on the stair.

75 Mount.

The bed is open; the tooth-brush hangs on the wall,

"瞧那月亮，　　　　　　　　　　　　　　50

月亮一点儿也不记仇，[2]

她眨着疲弱的眼，

她冲着角落微笑。

她捋平草的头发。

月亮已失去她的记忆。　　　　　　　　　55

一颗消褪了的天花弄裂了她的脸；

她的手揉着一朵纸玫瑰，

那花儿散发出尘土和科隆香水的气味；

她孤零零的，

所有往昔夜的气息　　　　　　　　　　60

一遍又一遍掠过她的脑海。"

回忆偶然遇见

阴干的天竺葵

和缝隙中的尘土，

街上的栗子味儿，　　　　　　　　　　65

关着百叶窗的房间里的女人味儿，

走廊里的纸烟

和酒吧间里鸡尾酒的味儿。

　那灯说：

"四点钟，　　　　　　　　　　　　　　70

这是门牌号。

记忆！

你有钥匙，

那小灯在楼梯上洒下一个光环。

上楼。　　　　　　　　　　　　　　　75

床已铺开；牙刷挂在墙上，

Put your shoes at the door, sleep, prepare for life."

The last twist of the knife.

【注释】

1. 此诗发表于 1917 年。

2. 此句原文为法语。

【评析】

　　在一个大风之夜，发言者沿着月光沐浴下的街道从某处向自己的住处走回。月光似乎具有魔咒的力量，把他的记忆的正常顺序搅乱，而使之产生非理性和象征性的自由联想。他所走过的街灯计量着时间，同时其圆光聚射的形象触动他的记忆，引起联想。最后一盏街灯把记忆拉回到日常生活，那意味着机械性重复的把你的鞋放在门口，睡觉，准备生活。"

刀子的最后拧动。

活动和责任。他的逃避被切断了，记忆最后痛苦的一拧，他不得不又屈服于现实。记忆中的形象都是扭曲的，暗示现代生活的丑恶和可怖。试图摆脱正常的记忆并不意味着摆脱生活的恐怖，虽然"月亮一点儿也不记仇"。有论者认为此诗是写精神病态的现代普通人之意识流的杰作。

　　这首诗里的意象不尽都有确切的象征意义，也许有的是纯粹的写实，而使之产生非写实的效果的关键在于其间的组合关系，犹如汉字的"日"、"月"相加，其义既不等于日，也不等于月，而等于"明"。现代派在创作方法上即深受汉字造字法的启发，因此有人说现代派作品的意义是"从意象与意象之间迸发出来的"。

ROBERT GRAVES

罗伯特·格瑞夫斯

　　罗伯特·格瑞夫斯（1895—1985），诗人、评论家、小说家。在艺术上坚持传统形式，反对现代主义。宣称只为自己写诗，最主要的主题是爱。

The Cloak

Into exile with only a few shirts,

Some gold coin and the necessary papers.

But winds are contrary: the Channel packet

Time after time returns the sea-sick peer

5   To Sandwich, Deal or Rye. He does not land,

But keeps his cabin; so at last we find him

In humble lodgings maybe at Dieppe,

His shirts unpacked, his night-cap on a peg,

Passing the day at cards and swordsmanship

10   Or merry passages with chambermaids,

By night at his old work. And all is well—

The country wine wholesome although so sharp,

And French his second tongue; a faithful valet

Brushes his hat and brings him newspapers.

15   This nobleman is at home anywhere,

His castle being, the valet says, his title.

The cares of an estate would incommode

Such tasks as now his Lordship has in hand.

His Lordship, says the valet, contemplates

20   A profitable absence of some years.

Has he no friend at court to intercede?

He wants none: exile's but another name

For an old habit of non-residence

In all but the recesses of his cloak.

25   It was this angered a great personage.

披　风

仅仅带几件衬衣、一些金币
以及必要的文件去国流亡。
但风总逆吹：英伦海峡的邮船
一次又一次把晕船的贵胄送回
到三维治、迪尔或腊伊。[1] 他不上岸，　　　　　5
却留在舱内；最终我们发现他
也许在第埃珀[2] 简陋的寄宿之处，
衬衣从行李中取出，睡帽挂墙上，
玩纸牌和练习剑术或与女佣们
调笑闲聊来消磨白天的时光，　　　　　　　10
到夜晚则干起老行当。一切都好——
乡下的酒虽很烈但有益于健康，
法语是他的第二语言；一个
忠诚的男仆为他刷帽子，拿报纸。
这位贵人随处都安闲自在，　　　　　　　15
他的城堡，男仆说，即他的封号。
为管理一块封邑操劳会妨碍
爵爷手头正从事的这些事务。
爵爷他老人家，男仆说，现在打算
要离开几年，这样会有好处。　　　　　　　20
在宫廷就没有朋友替他说情？
他不想要谁去说：流亡不过是
把全身几乎都裹藏在披风深处
居无定所的老习惯的别名而已。
正是这一点触怒了一位大人物。　　　　　　　25

【注释】

1. 均为英国南部港口名。

2. 法国地名。

【评析】

"披风加匕首"（cloak and dagger）或"披风加长剑"（cloak and sword）是 19 世纪译自法语和西班牙语的成语，原指一种类型喜剧，其中主要人物穿披风佩长剑，从事阴谋、间谍等冒险活动。这种装束是剑客或骑士的扮相，属于贵族中的下层。此诗即是这样一位人物的素描。从诗中的描写可知：这是一位英国贵族出身的职业间谍，在某乡下有封地，但他通晓法语，常年以流亡的名义前往法国从事间谍活动——在夜间干的"老行当"。据他的男仆说，他似乎是得罪了某个"大人物"（很可能是英国国王），而被迫离开宫廷和自己的封地去流亡的。这很可能是为了掩人耳目而设的苦肉计。因为真正的秘密只有他自己最清楚。他不仅放弃了在国内的优裕生活，而且还要受奔波之苦；他就这样为自己的国家尽忠效命。诗人通过隐含的旁观者的叙述，勾画出种种细节，精炼而生动地从侧面传达出人物的身份、性格和使命。

She Tells Her Love While Half Asleep

She tells her love while half asleep

In the dark hours,

With half-words whispered low:

As Earth stires in her winter sleep

5　　　And puts out grass and flowers

Despite the snow,

Despit the falling snow

【评析】

　　这种诉说不同于前面布雷克诗中的诉说，它出于潜意识，没有经过理智的过滤，因此是至诚的。她也不在乎有没有人听，或者有人听见后后果会怎样。诗人在诗的后半部分用了一个美丽的自然现象作比喻，就是要帮助我们理解这种爱的

她半睡半醒时诉说爱恋

她半睡半醒时诉说爱恋，
　　在黑暗的时辰，
　　　断续私语窃窃：
犹如大地在冬眠中辗转，
　　抛撒出花草缤纷，　　　　　　　　5
　　　竟不顾那雪，
　　　不顾正飘落的雪。

诉说确是内在真情的自然流露。这里还涉及一个自然科学常识，即这种草木在冬
天开花发芽的不寻常但绝对真实的现象是由地下暖气流异常改道引起的。了解了
这一点，我们的联想也许会更丰富、更确切。

C. DAY LEWIS

塞西尔·戴·刘易斯

塞西尔·戴·刘易斯（1904—1972），诗人、评论家、小说家、翻译家。生于爱尔兰，一岁时随父母移居英格兰。在牛津大学读古典文学，与威·休·奥登、路易斯·麦克尼斯、斯蒂芬·斯彭德结识，成为"奥登帮"的一员。1937 年加入共产党，三年后理想幻灭。二战后成为权威学者，曾任牛津大学诗歌教授。1968 年受聘为桂冠诗人。诗作格律精严，技巧娴熟，无可挑剔，但格局不大，虽然题材广泛涉及时事问题，语言也采用现代用语措词。

Two Songs (II)

Come, live with me and be my love,
And we will all the pleasures prove
Of peace and plenty, bed and board,
That chance employment may afford.

5　　　I'll handle dainties on the docks
And thou shalt read of summer frocks:
At evening by the sour canals
We'll hope to hear some madrigals.

Care on thy maiden brow shall put
10　　　A wreath of wrinkles, and thy foot
Be shod with pain: not silken dress
But toil shall tire thy loveliness.

Hunger shall make thy modest zone
And cheat fond death of all but bone—
15　　　If these delights thy mind may move,
Then live with me and be my love.

【注释】此诗作于 1935 年。

【评析】

此诗是对马娄《多情牧童致情人》一诗的现代戏仿，用时下流行语说，就是

两首歌（之二）

来跟我同居，做我的爱人，
我们将体验那乐趣无尽：
安宁和丰足，床铺和饮食
要靠幸运的就业来供给。

我将在码头上搬运点心；　　　　　　　　　　5
你将读夏季流行的衣裙：
傍晚在酸臭的运河边上，
我们将指望听情歌小唱。

忧愁将给你少女的额前
戴一个皱纹花环，你脚穿　　　　　　　　　10
痛楚：并不是丝织的衣袍
而是辛劳将消磨你美貌。

饥饿将使你衣带渐变宽，
只剩皮包骨把死神蒙骗——
要这些乐趣能让你动心，　　　　　　　　　15
就跟我同居，做我的爱人。

"恶搞"。全诗可以说是一个"反讽"，即用说反话的方式表示讽刺。开头两行
照搬马娄原诗起兴，随即是一百八十度的大转弯，从对古典黄金时代田园生活的
幻想骤然切换到 20 世纪 30 年代英国的社会现实。当时正处于二战之前，经济大
萧条时期。发言者显然不是贵族，而是普通城市平民。他的"乐趣"就是丰衣足食、

睡觉安宁，这些生活的基本需求要靠"就业"来提供，而就业不易，要靠运气才能得到。"我"在码头上当搬运工，替人家搬好吃的点心，但自己无福享用。"你"只能在报纸上读到一些时装广告，但买不起实物。傍晚的时候，"我们"在发臭的运河岸边也许能听到什么鸟儿或是什么人在唱某种情歌小调，但很可能是暗娼拉客或醉鬼胡闹的声音。还有，"忧愁"将给"你"戴上用皱纹编成的"花环"，给"你"穿上用"痛楚"做成的鞋子；没有丝绸衣服，只有辛苦劳累，把"你"的美貌消磨殆尽。最后是"饥饿"让"你"的腰部变得"谦逊"，即腰变得细瘦——这是时髦女性梦寐以求的事情——以至于给死神只剩下一把皮包骨头了。如果这些"乐趣"能让你动心的话，我们就可以在一起了。通篇全是反话，是自我解嘲，也是一种自我拒绝，即"你"不可能和我在一起。这是对前人那种伪浪漫的反讽，是对现实的真实反映，也是面对现实的诚实态度。这首诗也可以看作是对社会现实的一种"抗议"或"抱怨"。诗人曾是左翼作家，对挣扎在社会最底层的人们抱有同情心。

诗中运用了许多修辞手法，其妙处汉译无法传达，如"peace"和"plenty"、"bed"和"board"、"dainties"和"docks"、"hope"和"hear"、"wreath"和"wrinkles"、"toil"和"tire"、"make"和"modest"、"mind may move"压头韵，即两个以上单词头一个或一个以上辅音字母相同。而压头韵是英诗甚至英语的特点之一。"thou shalt"、"thy"是仿古说法，令人联想到英译"圣经"中上帝诫命或先知预言的句法和措词。另外，"shod"、"silken"、"zone"等词也是较古旧的用法。"cheat"和"death"可以说压视觉腰韵，因为二者中段的元音字母相同，虽然发音不同。"tire"一词有双关含义，一为"消磨"，一为"给……穿衣"，汉译只能取其一。这些乐趣只能通过原文来体验了。

W. H. AUDEN

威斯坦·休·奥登

威斯坦·休·奥登（1907—1973），诗人。毕业于牛津大学。30年代崭露头角，成为新一代诗人代表和左翼青年作家领袖。1939年去美国定居，后加入美国籍并皈依基督教。前期创作多涉及社会和政治题材，后期转向宗教。以能用从古到今各种诗体写作著称。代表作有《西班牙》、《新年书信》、《焦虑的时代》等。

Musee des Beaux Arts

About suffering they were never wrong,

The Old Masters: how well they understood

Its human position; how it takes place

While someone else is eating or opening a window or just walking

    dully along;

5 How, when the aged are reverently, passionately waiting

For the miraculous birth, there always must be

Children who did not specially want it to happen, skating

On a pond at the edge of the wood:

They never forgot

10 That even the dreadful martyrdom must run its course

Anyhow in a corner, some untidy spot

Where the dogs go on with their doggy life and the torturer's horse

Scratches its innocent behind on a tree.

In Brueghel's Icarus, for instance: how everything turns away

15 Quite leisurely from the disaster; the plowman may

Have heard the splash, the forsaken cry,

But for him it was not an important failure; the sun shone

As it had to on the white legs disappearing into the green

Water; and the expensive delicate ship that must have seen

20 Something amazing, a boy falling out of the sky,

Had somewhere to get to and sailed calmly on.

美术馆[1]

古代画师们，对苦难的描绘，
他们从没有错。他们多么透彻地理解
苦难在人间的位置；它发生
在别的人正吃饭或开窗或只是无趣地走路时；

当老年人正虔敬而热切地期待　　　　　　　　　　5
那神异的降生时，总是会有
不特别想要它光临的孩子们
在树林边缘的池塘上溜着冰。
他们从没有忘记
即便是可怖的殉教也必定　　　　　　　　　　　　10
在一个角落，某个杂乱的地点进行；
在那里，群狗继续着狗的生活；施虐者的马
在一棵树干上蹭着它无辜的屁股。

例如，在布鲁盖尔[2]的《伊卡洛斯》[3]中：一切
都悠闲地对那场灾难背过脸去；那耕夫或许　　　15
听见了落水的扑通声，那惨叫的余音，
但是对他来说，那并非大不了的失败；太阳
一如平常照着白腿消失在绿波
之中；那豪华精巧的船只也必定看见了
骇人的景象：一个男孩从天空坠落，　　　　　　20
但自有它的去处，仍旧平静地继续航行。

【注释】

1. 此诗作于 1938 年。美术馆系指比利时首都布鲁塞尔的王家美术博物馆。

2. 彼埃特·布鲁盖尔（1525—1569）：尼德兰画家。

3. 布鲁盖尔所作油画，全名《有伊卡洛斯坠落的风景》，取材于希腊神话。伊卡洛斯是雅典建筑师代达罗斯之子。代达罗斯曾为克里特国王弥诺斯建造迷宫。迷宫建成后，代达罗斯父子却被囚禁其中。二人遂用蜡粘合羽毛制成双翼装在肩上，飞出迷宫。伊卡洛斯由于忘记父亲嘱咐而飞近太阳，致使蜡翼遇热融化，坠海而死。

【评析】

奥登于 1938 年参观比利时首都布鲁塞尔的王家美术博物馆。此诗即对几幅馆藏名画的观感。诗人的感想似乎是：痛苦和悲剧都只是个人的切身经验，局外人无法也无须分担，因此它们"在人间的位置"并不显要，而更重要的是整个族类生命的延续。然而，对于当局的个人来说，正由于旁人无意的冷漠，痛苦才愈显可怕难熬。或者说，痛苦即孤独。

此诗的语言是闲谈式的，语调是中性的，其中蕴含的道理不是靠直陈，而是以形象出之。全诗极强的视觉效果很切合"美术馆"这一题目。实际上，"施虐者的马 / 在一棵树干上蹭它无辜的屁股"这一细节也是借自布鲁盖尔的另一幅油画《屠杀无辜者》。"当老年人正虔敬而热切地期待 / 那神异的降生时，总是会有 / 不特别想要它光临的孩子们 / 在树林边缘的池塘上溜着冰"则是合并了布鲁盖尔的另外两幅画的细节，一是《在伯利恒的计时》，二是《有滑冰者和捕鸟器的冬景》。

英国当代诗人乔治·麦克白（1932—1992）认为，此诗强调"生命继续的重要，不管这世界的其他部分正在发生何等惊人的暴行"（《1900—1975 年诗选》）。这是强调生存的一面。我国已故诗人、翻译家查良铮给此诗做的注解则是："本诗的主题是：人对别人的痛苦麻木无感"（《英国现代诗选》）。这是强调痛苦的一面。唯其不执着于痛苦，人才能继续其生命；也正因为人漠视痛苦，痛苦才愈显可怕。此诗妙就妙在把这一对矛盾同时并举，却不加特别的解释和评论。

　　值得一提的是，美国诗人威廉・卡洛斯・威廉斯于 1960 年也以同一幅画为
题材写了题为《画着伊卡洛斯坠落的风景画》的短诗。该诗结句作："毫无意义
的 / 海水 / 在海边 / 飞溅，不曾有人注意 / 伊卡洛斯 / 就这样溺水。"威廉斯只
是据画面的描绘实说，没有人注意到伊卡洛斯的落水，而奥登却加以自己的想象，
说耕夫和船上的人很可能都听到或看到了灾难的发生，但无动于衷，过后仍继续
自己的事情。相比之下，后者显得更有深度。

　　然而，正因为这读入的"深度"，奥登受到了一位后辈诗人的批评和嘲讽。
新西兰诗人阿利斯泰尔・特・阿里奇・坎贝尔（Alistair Te Ariki Campbell,
1925—　）的《给奥登先生的备忘录，29 / 8 / 66》一诗就是直接针对奥登的《美
术馆》所作的讽刺诗。原诗拙译如下：

> 关于您的《美术馆》，奥登先生，
> 古代画师们也许从来就没有错，
> 但是我们遗憾，您却常常出错，
> 有时令人吃惊，如在《吉小姐》中。
> 还是母亲的长着斗鸡眼的小男孩儿时，
> 您也许向鸟雀投过较少的石子，
> 却向也许该受责难的母亲投得更多。
> 苦难是一种私事，但我们相信
> 您却把它看作一种景观——一种公事。
> 苦难是一个小女孩朝她母亲惊呼
> 那施虐者的马踢倒了她的妹妹。
> 至于在池塘上溜着冰的孩子们，
> 难产的少女的一声痛苦的叫喊
> 就会让他们全都停下——除了母亲的男孩，
> 他会继续溜冰……奥登先生，不是所有老人
> 都虔敬而热切地期待那奇迹的降生。
> 有些也许在年幼时也是投石者，

但那同样的叫喊声会以残忍的快乐穿透他们。

古代画师们深知这点。您也必定深知这点。

可是您却选择了描写狗样的群狗和一匹

长着无辜屁股的马——不过是舞台道具，奥登先生。

至于那场可怕的殉教，就承认是您强使它

发生，以便您可以描写它吧。

奥登先生，您就是布鲁盖尔的《伊卡洛斯》中的耕夫，

跟随着一件舞台道具。您就是那精巧

豪华的船只，看见了骇人的，也许是

悲惨的景象——一个男孩从天空坠落，

但您有一首诗要完成，仍旧平静地继续航行。

　　的确，坎贝尔也承认，"苦难是一种私事"，但他却指责奥登视之为一种局外人可以漠不关心的"景观"。创造如此"景观"的"古代画师们也许从来就没有错"，因为画家所表现的很可能是谁也没有注意到那场灾难的发生，而奥登不该想当然地说那耕夫"听见"了、那船上的人"看见"了"落水的扑通声"和"骇人的景象"。正如我们的孟夫子所言，恻隐之心人皆有之，既然听见或看见了"悲惨的景象"，就不可能无动于衷。小女孩眼见妹妹被马踢倒，不免惊呼；溜冰的

孩子们听见难产少女的痛苦叫喊自然会停下；就连曾是少年无赖者也会被"残忍的快乐穿透"。完全无动于衷，就大错特错了。然而，惊骇之余，又当如何呢？生活还不是仍旧平静地继续进行么。奥登并未说闻者和见者毫无反应，只不过他可能认为这本能的情感反应于事无补，因而略过不表而已。逝者长已矣，他所强调的是来者犹可追。坎贝尔则强调人们对苦难的即时情感反应。他的微词意即奥登太缺乏同情心。正所谓此亦一是非，彼亦一是非，个人的世界观和人生态度是很难争辩孰是孰非的。奥登的诗也不妨被视为对坎贝尔的反驳，前者也许会认为后者太多愁善感了呢。

　　观念也许不重要。有趣的倒是两首诗的写法。坎贝尔指责奥登为完成一首诗而造设了一些"舞台道具"，而他自己呢？他的整首诗不都是借奥登之题发挥而来的吗？他甚至直接借用了不少奥登诗中的意象，以及语句，如"施虐者的马"、"在池塘上溜着冰的孩子们"、"虔敬而热切地期待那奇迹的降生"、"无辜的屁股"、"精巧豪华的船只"、"骇人的景象"、"仍旧平静地继续航行"等。然而，他却把这些都当做石头投向了奥登。此所谓反其意而用之，"以子之矛，攻子之盾"，效果似乎不错。

　　奥登诗体式自由，但压偶然韵，即韵式无规律，然而几乎每个韵脚都有着落。汉译无意刻意仿制，也随意偶然压韵而已。

Dear, Though the Night Is Gone

Dear, though the night is gone
Its dream still haunts today,
That brought us to a room
Cavernous, lofty as
5   A railway terminus,
And crowded in that gloom
Were beds, and we in one
In a far corner lay.

Our whisper woke no clocks,
10   We kissed and I was glad
At everything you did,
Indifferent to those
Who sat with hostile eyes
In pairs on every bed,
15   Arms round each others necks,
Inert and vaguely sad.

O but what hidden worm of guilt
Or what malignant doubt
Am I the victim of,
20   That you then, unabashed,
Did what I never wished,
Confessed another love;

亲爱的，虽然夜已逝去

亲爱的，虽然夜已逝，
梦依然萦绕今天，
把我们带进一间屋——
洞穴般，高大得像
火车站候车广场，　　　　　　　　　　5
那阴暗中许多床铺
拥挤着，我们躺在
角落里一张床上面。

低语扰不醒时钟，
我们亲吻，我欢欣　　　　　　　　　　10
于你的一切作为，
漠然不顾成双
坐在每张床上，
眼中含着敌意，
彼此搂着脖颈，　　　　　　　　　　　15
呆钝而含悲的人们。

但什么隐秘的负罪
或什么恶意的疑虑
使我成了牺牲品？
以致你随后，脸不红，　　　　　　　　20
做了我想不到的事情，
坦白了另一份爱情；

And I, submissive, felt

Unwanted and went out.

【评析】

　　有论者认为，这是奥登最好的一首情诗。

　　天亮了，发言者对爱人讲述了他昨夜的梦：他们处在一个阴森而颇不令人愉快的环境里，但他们专注于彼此相爱，忘了时间，忘了周围的人。突然，他的爱人向他坦白了对另一个人的爱情。于是，他顿感委屈，以为自己成了爱人的某种负罪感或疑虑的"牺牲品"，同时又嫉妒又自卑，感到"不被需要"，便"乖乖"地"走出去"。

于是我，乖乖的，觉得

不被需要，走出去。

发言者显然是一个敏感而缺乏自信且又多疑的人。他爱人的坦白也许是出于对他的深爱和信任，而他却疑心她已不爱他，甚至含有某种恶意；由于自卑，他竟也不进一步究问，而只是赌气退却。虽然这只是梦景，但所谓积虑成梦，显然是他在潜意识里对爱人不信任，却反而在梦里指责爱人对不起他，以求补偿。

此诗可说是奥登运用现代心理学表现人物潜意识的范例。

此诗格律规整，韵式为abcddcab，但多用近韵（或曰偏韵、半韵），是现代诗的实验做法。

In Memory of W.B. Yeats

(d. Jan. 1939)

I

He disappeared in the dead of winter:

The brooks were frozen, the airports almost deserted,

The snow disfigured the public statues;

The mercury sank in the mouth of the dying day.

5　　What instruments we have agree

The day of his death was a dark cold day.

Far from his illness

The wolves ran on through the evergreen forests,

The peasant river was untempted by the fashionable quays;

10　　By mourning tongues

The death of the poet was kept from his poems.

But for him it was his last afternoon as himself,

An afternoon of nurses and rumours;

The provinces of his body revolted,

15　　The squares of his mind were empty,

Silence invaded the suburbs,

The current of his feeling failed; he became his admirers.

Now he is scattered among a hundred cities

And wholly given over to unfamiliar affections,

纪念威·巴·叶慈 [1]

（卒于 1939 年 1 月）

1

他消逝于隆冬季节：
溪流封冻，飞机场几无人迹，
积雪使城市雕塑变了模样；
水银柱在濒死的白昼口中沉降。
我们所有的仪表一致显示　　　　　　　　　5
他辞世之日是个黑暗寒冷的日子。

远离他的疾病之处，
狼群在常青的森林里奔跑穿行，
乡巴佬河流不受时髦码头的诱惑；
哀悼的喉舌　　　　　　　　　　　　　　10
不让诗作知道诗人的死讯。

但对于他，那是他还有知觉的最后一个下午，
一个满是护士和流言的下午；
他的肉体的地方行省造起反来，
他的精神的京都广场空空荡荡，　　　　　15
静默侵入近郊，
他的感觉之流枯竭了：他适合崇拜者瞻仰。

现在，他被分散到一百个城市中间，
全部交付给不熟悉的爱慕，

20　To find his happiness in another kind of wood

　　And be punished under a foreign code of conscience.

　　The words of a dead man

　　Are modified in the guts of the living.

　　But in the importance and noise of to-morrow

25　When the brokers are roaring like beasts on the floor of the Bourse,

　　And the poor have the sufferings to which they are fairly accustomed,

　　And each in the cell of himself is almost convinced of his freedom,

　　A few thousand will think of this day

　　As one thinks of a day when one did something slightly unusual.

30　What instruments we have agree

　　The day of his death was a dark cold day.

II

　　You were silly like us; your gift survived it all:

　　The parish of rich women, physical decay,

　　Yourself. Mad Ireland hurt you into poetry.

35　Now Ireland has her madness and her weather still,

　　For poetry makes nothing happen: it survives

　　In the valley of its making where executives

　　Would never want to tamper, flows on south

　　From ranches of isolation and the busy griefs,

40　Raw towns that we believe and die in; it survives,

　　A way of happening, a mouth.

III

　　Earth, receive an honoured guest:

去在另一种森林中寻找幸福，[2]　　　　　　　　　　　　　20

在异类的良心准则之下接受惩罚。[3]

一位死者的文字

在生者的肚肠里被修订。

但是，明天，在一片妄自尊大和嘈杂喧闹之中，

经纪人脚踏证券交易所的地板像野兽似的咆哮，　　　　　25

穷人遭受着他们早已习以为常的苦难，

每个人在自己的囚室里近乎自信享有自由，

那时，有千把人会想起这个日子，

犹如想起一个做了什么不寻常事情的日子。

我们所有的仪表一致显示　　　　　　　　　　　　　　　30

他辞世之日是个黑暗寒冷的日子。

2

你像我们一样蠢；[4] 你的天才长存，胜过这一切：

富婆们的扶贫区、[5] 肉体的衰朽、

你自身。发疯的爱尔兰把你伤害成诗。

现在爱尔兰的疯狂和天气依旧，　　　　　　　　　　　35

因为诗不会使什么事情发生：它存活

在它的创造过程所在的山谷中——行政官员

从来不想到那里去干涉，从孤立的农场

和忙碌的伤心地——我们信赖和死于其中的

阴冷城市，继续向南方流淌；它存活，　　　　　　　　40

一种发生的方式，一个出口。

3

大地，请接受一贵宾：

William Yeats is laid to rest.

Let the Irish vessel lie

45   Emptied of its poetry.

In the nightmare of the dark

All the dogs of Europe bark,

And the living nations wait,

Each sequestered in its hate;

50   Intellectual disgrace

Stares from every human face,

And the seas of pity lie

Locked and frozen in each eye.

Follow, poet, follow right

55   To the bottom of the night,

With your unconstraining voice

Still persuade us to rejoice.

With the farming of a verse

Make a vineyard of the curse,

60   Sing of human unsuccess

In a rapture of distress.

In the deserts of the heart

Let the healing fountains start,

In the prison of his days

65   Teach the free man how to praise.

威廉·叶慈来安寝。
让爱尔兰容器静卧，
它倒空了其中的诗歌。[6]　　　　　　　　　　　45

在黑暗的恶梦境内，
欧洲所有的狗狂吠；[7]
尚存的国家在观望，
各怀仇恨不来往；

智识所蒙受的耻辱　　　　　　　　　　　　　50
在每个人脸上显露；
怜悯之海都封冻
锁闭在每只眼中。

跟上，诗人，跟着走，
直到黑夜的尽头，　　　　　　　　　　　　　55
用你解忧的声音
总是劝我们高兴；

靠培植一首诗篇，
把诅咒改造成葡萄园；
在一阵苦恼的狂喜中　　　　　　　　　　　　60
歌唱人类的不成功；

在心灵的沙漠之中
让治病的甘泉喷涌；
教自由之人如何
在有生的牢狱中讴歌。　　　　　　　　　　　65

【注释】

1. 爱尔兰诗人威廉·巴特勒·叶慈于 1939 年 1 月 29 日逝世。此诗作于当年 2 月，发表于 1940 年。

2. 在《神曲·地狱篇》中，中年的但丁觉得自己"在一片黑暗的森林里"。死去的叶慈则在其作品中继续存活。

3. 意谓死者不得不受生者的评判。"异类"（foreign）意谓生死殊途，亦可意谓"异国"，暗指叶慈不是英国人。

4. 奥登在其散文作品中对叶慈的思想，尤其是他的神秘主义，做过各种各样的批评。

5. 叶慈接受过一些有钱妇女，尤其是格雷戈里夫人的经济资助。

6. 此行之下原有三节，于 1966 年收入《短诗集》时删除。大意是说：时光崇拜语言，宽恕语言赖以生存的人，故而有望原谅吉卜林的帝国主义观念、保罗·克罗岱尔的极端保守主义政治思想和叶慈的反民主主义姿态，只因为他们"写得好"。

7. 指 1939 年 9 月 1 日第二次世界大战爆发前夕的欧洲局势。

【评析】

一位诗人对一位同行之死的即时反应，自然不免惺惺相惜，然而若仅止于悼亡，就难免落入俗套。在政治上，奥登当时属左翼作家，对一位他认为有右倾倾向的前辈作何评判，才不失公允呢？何况在艺术上叶慈还对奥登这一代诗人颇有微词。

第一部分是自由体，采用奥登惯用的闲谈语气，仿佛在谈论一条寻常的死讯。把死亡与寒冬相联系也属寻常，种种现代城市意象（这正是叶慈所诟病的）却显得冷漠异常。对于一般人，诗人之死并没有什么大不了的，生活照样继续。只有少数崇拜者，也许会若有所失，觉得异乎寻常。第一节和第五节末两行的叠句使得貌似的事实陈述听起来别有意味。从此，诗人长已矣，但其作品长存，却又不得不任人评说。

　　第二部分体式是庄严的颂体，但语调一转，从第三人称变为第二人称，直接对已故的诗人说话。口吻不似后辈崇拜者，却像朋辈间的平等对话一般，与传统体式的意蕴形成反差，亦庄亦谐。在对其"缺点"直言不讳地加以批评之余，重点肯定的是其诗才。诗固然不会对行动有什么直接影响，诗人"没有天赋以纠正政客"（叶慈《有人求作战争诗感赋》），那么诗人的政治倾向——无论是民族主义也好，还是法西斯主义也好——也就是一种寻常的愚蠢了。而存在下来真正有价值的东西唯有诗，它仍然在产生着影响。

　　第三部分在节奏、韵式甚至语气上均模仿叶慈《布尔本山下》一诗，似意在以此向逝者致敬。此刻诗人仿佛是在为死者送葬，在向大地祷告，祝死者安息之后，转而又发表一通感想，涉及对死者的盖棺论定。删去的原有三节也许有失"政治正确性"，但却是诗眼所在，强调诗人对语言的贡献在于诗艺而非思想，在于如何而非说什么。接着，表达对第一部分描写就有所暗示的日益恶化的时局和日益堕落的世道的忧虑。最后，像叶慈在《布尔本山下》中那样，对这位诗人同行的魂灵发出吁请，仿佛要他像但丁那样，跟随维吉尔直下地狱的底部，用他那纯美的歌声继续给处于悲苦境地的人类灵魂以安慰。这不啻是崇高的赞美。

　　把传统与现代、庄重与平易、批判与赞美、冷静与激情、严肃与机智甚至诙谐相结合，取得微妙的平衡，是奥登所擅长的风格。此诗即一佳例。

KATHLEEN RAINE

凯瑟琳·瑞恩

凯瑟琳·瑞恩（1908—2003），诗人、评论家、翻译家。于剑桥大学获硕士学位，在大学教书为生。诗艺受浪漫主义和神秘主义影响，追求内心与大自然永恒真实的契合。

The Golden Leaf

The floating of a leaf that fell
a wounded star upon the tide
out of the world, free in farewell,

I saw-not able to withhold
5   the vanishing moment with my sight
from the lock of living heart,

And down the rapid nerves, the light
Plunged, where the thundering stream of blood
engulphs each mote within the eye,

10   upon the dark pool of my thought
turned slowly, sinking into past,
then poised, on a reflected sky.

【注释】

　　1. 此诗发表于 1943 年。

【评析】

　　秋叶自然飘落，但在多愁善感的观者眼中，却仿佛"一颗受伤的星星"，即

金色树叶 [1]

一枚树叶飘落，化作
一颗受伤的星星漂流
在世外的潮水上，逍遥作别；

我看见——却不能用活生生的心
锁闭之中透出的目光　　　　　　　　　　　5
留住那正在消逝的一刻；

那金光跳入湍急的神经，
那里血流汹涌雷鸣，
吞噬着每一粒可见的微尘，

在我的思绪的幽暗池水上，　　　　　　　　10
缓缓旋转，沉入过去，
停定，在一片水中天上。

将"逍遥作别"。面对这无可挽回的情势，观者徒叹奈何。而那落叶／星星遗留的光影却已"跳入湍急的神经"（情感），在观者内心掀起了痛苦的波澜。也许过了很久以后，那光影才慢慢在观者平静下来的"思绪"（理智）中成为"过去"，但绝不消失，而是永远"停定"在清晰的记忆之中。

　　诗人仿佛在说，无心的伤害造成的创痕更深，遗憾更大，更令人难忘。

The Unloved

I am pure loneliness
I am empty air
I am drifting cloud.

I have no form
5　　I am boundless
I have no rest.

I have no house
I pass through places
I am indifferent wind.

10　　I am the white bird
Flying away from land
I am the horizon.

I am a wave
That will never reach the shore.

15　　I am an empty shell
Cast up on the sand.

I am the moonlight
On the cottage with no roof.

不被爱者 [1]

我是纯粹的寂寞
我是虚渺的空气
我是飘荡的流云。

我无形无体
我无边无际　　　　　　　　　　　　　5
我无休无止。

我无家可归
我四处流浪
我是无心的风。

我是那白鸟　　　　　　　　　　　　　10
飞离陆地
我是地平线。

我是朵浪花
永远吻不着海岸。

我是只空贝　　　　　　　　　　　　　15
被抛上沙滩。

我是月光
晾在无顶的农屋上。

I am the forgotten dead

20   In the broken vault on the hill.

I am the old man

Carrying his water in a pail.

I am light

Travelling in empty space.

25   I am a diminishing star

Speeding away

Out of the universe.

【注释】

1. 此诗发表于 1952 年。

我是被遗忘的死者
长眠在山上坍塌的墓穴里。　　　　　　　　　　20

我是那老人
自己用木桶提水。

我是光
巡行在空旷的宇宙。

我是一颗渐瘦的星　　　　　　　　　　　　　　25
急匆匆
飞出天外。

【评析】

　　此诗抒写一个爱情失意者的落寞心情。纯用暗喻手法，"我是……"等句型的排比，把内心情感移入客观物象，使读者通过客观物象的折射窥见诗人无法表达的内心情感。

NORMAN MACCAIG

诺曼·麦凯格

诺曼·麦凯格(1910—1996)，诗人。生于苏格兰。毕业于爱丁堡大学。以在中学教书为生。被公认为是仅次于休·麦克迪尔米德的最杰出的现代苏格兰诗人。

Boundaries

My summer thoughts, meek hinds, keep their own ground.

They graze and drowse and never think to roam

Beyond the pale of what they think is home —

A landscape with one fence, and that for deer.

5　Yet though it's seven feet high and so seems fit,

In winter snows they walk right over it.

【注释】

1. 此诗作于 1974 年。

边　界 [1]

我夏天的思绪，驯鹿，守着地盘。
吃草，打盹儿，从来想不到要漫游
到它们以为是家园的围栏外头——

风景中有一道栅栏，那是圈鹿的。
虽说它有七尺高，看样子很牢固，　　　　　　　5
但在冬雪中，它们径直跨过去。

【评析】

　　这是一首关于（创作）思维活动的诗。诗人把思想比作群鹿，暗示思想往往不自觉地被种种习惯成见所束缚，但一有时机或得到某种触发，又会豁然冲破局限，获得灵感。全诗纯用暗喻造境，不假解说，但喻义自见。

Incident

I look across the table and think
(fiery with love)
Ask me, go on, ask me
to do something impossible,
something freakishly useless,
something unimaginable and inimitable

like making a finger break into blossom
or walking for half an hour in twenty minutes
or remembering tomorrow.

I will you to ask it.
But all you say is
Will you give me a cigarette?
And I smile and,
returning to the marvellous world
of possibility,
I give you one
with a hand that trembles
with a human trembling.

【评析】

　　诗人通过一个热恋中的男子的独白给我们展现出一幕戏剧性场景。这位主人公显然是一位浪漫的幻想家,很可能还是一位爱好骑士传奇和英雄史诗的书呆子。也许是初次与心上人相对而坐,他不知如何表达自己的爱情,只是心里一个劲儿

事　变

我望着桌对面心想

（被爱火煎熬着）

叫我，来呀，叫我

去干些不可能的事儿，

异想天开而毫无用处的事儿，　　　　　　　5

不可思议且不可仿效的事儿，

例如使一根手指开花，

或在二十分钟内走半个小时路，

或回忆明天。

我愿你提出这样的要求。　　　　　　　　10

可是你所说的只是

给我一根香烟好吗？

于是我微笑，然后，

回到美妙的

现实世界，　　　　　　　　　　　　　15

用一只颤抖的手，

带着凡人的颤抖，

递给你一根香烟。

祈愿对方以千难万险考验自己，一如中古骑士故事。然而对方的一句极平常、颇富现代色彩的问话把他从浪漫的中古骑士梦中惊醒，使他从幻想的英雄变回现实中羞怯的"凡人"。

　　轻松诙谐中却也揭示了现代人彼此内心世界难以沟通的现象。

DYLAN THOMAS

狄兰·托马斯

狄兰·托马斯（1914—1953），40 年代浪漫主义复兴运动代表诗人。生于威尔士。曾在报馆和广播公司工作。宣称"为热爱人类和赞美上帝"而写作。其诗想象奇崛、激情澎湃、意象繁复、富象征色彩。

Do Not Go Gentle into That Good Night

Do not go gentle into that good night,
Old age should burn and rave at close of day;
Rage, rage against the dying of the light.

Though Wise men at their end know dark is right,
5   Because their words had forked no lightning they
Do not go gentle into that good night.

Good men, the last wave by, crying how bright
Their frail deeds might have danced in a green bay.
Rage, rage against the dying of the light.

10   Wild men who caught and sang the sun in flight,
And learn, too late, they grieved it on its way,
Do not go gentle into that good night.

Grave men, near death, who see with blinding sight
Blind eyes could blaze like meteors and be gay,
15   Rage, rage against the dying of the light.

And you, my father, there on the sad height,
Curse, bless, me now with your fierce tears, I pray.
Do not go gentle into that good night.
Rage, rage against the dying of the light.

不要温顺地走进那个良夜 [1]

不要温顺地走进那个良夜，
老年应燃烧，斥责白昼的关门；
怒骂吧，怒骂那片光明的死灭。

智者临终时虽知道黑暗不错，
但因所言不放射闪电，他们   5
就不温顺地走进那个良夜。

善人在最后一浪滚过时，哭喊说
脆弱的功德本可以欢舞在碧湾中，
怒骂啊，怒骂那片光明的死灭。

狂徒把飞逃的太阳捕捉和讴歌，   10
太晚才得知，令太阳在路上伤心，
也不温顺地走进那个良夜。

正人临死时，两眼将瞎却明白
瞎眼也能像流星般闪烁而欢欣，
怒骂啊，怒骂那片光明的死灭。   15

而您，父亲，在这极悲的时刻，
用狂暴的泪水诅咒、祝福我，求您。
不要温顺地走进那个良夜，
怒骂吧，怒骂那片光明的死灭。

【注释】

1. 此诗作于 1951 年 5 月诗人的父亲病危期间。

【评析】

　　老托马斯是一位中学教师，曾常常给少年的狄兰朗诵莎士比亚的作品，并鼓励他写诗。而在他最后的日子里，挚爱他的儿子在他的病榻前为他反复朗诵这首杰作。

　　狄兰认为父亲是个有见识的人，具有多种非凡的品质，因此他列举了数种典型之人对待死亡的态度，殷殷劝说父亲不要被动地屈从，而应以生命的激情和勇气与死神抗争。睿智之士不愿进入死亡国度，因为他们尚未说出惊人之语；慈善之人诅咒生命的结束，因为他们来不及建立完满的功德；狂放之徒后悔不该把青春虚掷，他们渴望另一次机会；正人君子终于明白生活中还有他们以前从不知道的不可思议的可能性，因此他们也不甘瞑目。诗人则请求父亲以一如既往的热情来关心自己，哪怕是诅咒或祝福，因为儿子即使不肖也是父亲的精神和生命的延续，而同时这些"狂暴"行为也是父亲对他自己生命力的充分肯定和利用，因为"老年应燃烧"，而"不要悄悄地走进那个良夜"。

"良夜"具有双关语义：一为字面意义；一为惯用语义，即人们晚间道别时所说的"晚安"。诗人用此词组来喻指死亡，也是有意赋予死亡以这双层含义。死亡犹如向尘世告别，又犹如黑夜，既美好又不可知。诗人并不厌憎和畏惧死亡。他不信宗教，不信来世。把握现世，充分发挥生命的潜力才是他的兴趣所在。

此诗采用维拉内拉体——一种极严格的法国古诗体，19世纪传入英国。全诗由五个三行诗节和一个四行诗节组成。仅用两种韵，第一节的第一、三行贯穿全诗作为叠句。这种诗体原先主要用以写作田园诗等轻松性质的诗，托马斯此诗可以说是首次成功地用该诗体获取了严肃和强有力的效果。本来适于诙谐和游戏效果的叠句也起到了加强诗中所表达的急切和愤怒感情的作用。

PHILIP LARKIN

菲利浦·拉金

　　菲利浦·拉金（1922—1985），诗人、小说家、运动派主要代表。从牛津大学毕业后，一直以在图书馆工作为生。艺术上反对浪漫主义和现代主义，坚持诗不仅要有情感，而且要有思想。诗风冷静、机智、率直、低调，有意追求英国本土特色。被公认为是二战后最优秀的英国诗人，有"非官方桂冠诗人"之称。代表作有《去教堂》、《降灵节婚礼》、《高窗》等。

Lines on a Young Lady's Photograph Album

At last you yielded up the album, which
Once open, sent me distracted. All your ages
Matt and glossy on the thick black pages!
Too much confectionery, too rich:
5 I choke on such nutritious images.

My swivel eye hungers from pose to pose—
In pigtails, clutching a reluctant cat;
Or furred yourself, a sweet girl-graduate;
Or lifting a heavy-headed rose
10 Beneath a trellis, or in a trilby-hat

(Faintly disturbing, that, in several ways)—
From every side you strike at my control,
Not least through these disquieting chaps who loll
At ease about your earlier days:
15 Not quite your class, I'd say, dear, on the whole.

But o, photography! as no art is,
Faithful and disappointing! that records
Dull days as dull, and hold-it smiles as frauds,
And will not censor blemishes
20 Like washing-lines, and Hall's-Distemper boards,

But shows a cat as disinclined, and shades

咏一位年轻女士的相册 [1]

终于，你拿出了那本相册，它
一打开，就令我走神。你所有时光，
粗纹和光面的，都在厚厚的黑页上！
太多的糖果点心，太丰盛啦：
我一时咽不下这么有营养的影象。　　　　　　5

我轮转的目光渴望一个个姿势——
扎着小辫儿，紧抓着不情愿的猫；
或甜甜的女毕业生，自身裹着皮毛；
或举着花头沉重的玫瑰
在一棚花架下；或戴一顶软毡帽　　　　　　10

（那，在好些方面，有些撩人）——
你从各方面攻击我的自制力，
尤其通过这些吵闹的小子，
他们优游在你早年生活中：
不大配你，要我说，亲爱的，总之。　　　　　　15

可是啊，摄影！没有艺术比得上，
忠实而令人失望！把阴沉的日子
记录成阴沉的，把刻意保持的笑意
记录成造假做弊，不会像
晾衣绳和涂灰板那样审查瑕疵，　　　　　　20

而是显示猫儿的不情愿，描出

A chin as doubled when it is, what grace
Your candour thus confers upon her face!
How overwhelmingly persuades
25   That this is a real girl in a real place,

In every sense empirically true!
Or is it just *the past*? Those flowers, that gate,
These misty parks and motors, lacerate
Simply by being over; you
30   Contract my heart by looking out of date.

Yes, true; but in the end, surely, we cry
Not only at *exclusion*, but because
It leaves us free to cry. We know what was
Won't call on us to *justify*
35   Our grief, however hard we yowl across

The gap from eye to page. So I am left
To mourn (without a chance of consequence)
You, balanced on a bike against a fence;
To wonder if you'd spot the theft
40   Of this one of you bathing; to condense,

In short, a past that no one now can share,
No matter whose your future; calm and dry,
It holds you like a heaven, and you lie
Unvariably lovely there,
45   Smaller and clearer as the years go by.

双下巴原有的阴影，你的坦率
这样给她的脸赋予了何等优美！
多么强有力地令人信服
这是个真实地方的真实女孩，　　　　　　　　　25

方方面面都真得实实在在！
抑或这只是"过去"？那些花，那扇门，
这些雾霭中的公园和汽车，令人
伤心，只因为结束了；你
因显得过时而令我的心抽紧。　　　　　　　　30

真的；但最终，确实，我们痛哭，
不仅因被排除在外，而且因为这
任我们哭泣。我们知道"曾有过"
不会召我们为悲哀辩护，
不管我们多起劲地哀号，隔着　　　　　　　　35

从眼睛到册页的鸿沟。我被撇下，
伤叹（却没有一个有利的机会）
平衡于靠着栅栏的自行车上的你；
纳闷你到底会不会觉察
你这张游泳照的失窃；浓缩，总之，　　　　　40

一个此刻无人能分享的过去，
无论你未来属于谁；干燥而静谧，
它拥抱着你，像一座天堂，而你
躺在那里，不改悦目，
随着岁月流逝，更小更清晰。　　　　　　　　45

【注释】

1. 此诗作于 1953 年 9 月 18 日，发表于 1954 年。

【评析】

拉金本人对此诗的评价是："易懂、情绪多变、结尾漂亮。"的确，这首诗的题材是一个简单的日常生活事件——看相册，它主要是通过独白的形式表现诗人在看相册过程中的情绪变化。

开始时，发言者（亦即诗人）第一眼看到渴望已久的女友相册，那感觉就像是饥饿之人遇到丰盛的糖果点心，一下子被"噎住"了似的。接下来是细看，有些形象引起他爱欲的冲动，于是很自然地嫉妒起那些与受言者（亦即年轻女士）合影的"吵闹的小子"来。然后是对摄影术的赞叹："没有艺术比得上，／忠实而令人失望！"转而又想到这些都是"过去"的记录而感到悲哀。最后，满足于偷取一张泳装照，满足于"一个此刻无人能分享的过去"。

　　摒弃感伤，为曾经有过的美自豪，抓住正在成为过去的现在，是诗人所赞许的生活态度。

Coming

On longer evenings,

Light, chill and yellow,

Bathes the serene

Foreheads of houses.

5　　A thrush sings,

Laurel-surrounded

In the deep bare garden,

Its fresh-peeled voice

Astonishing the brickwork.

10　　It will be spring soon,

It will be spring soon—

And I, whose childhood

Is a forgotten boredom,

Feel like a child

15　　Who comes on a scene

Of adult reconciling,

And can understand nothing

But the unusual laughter,

And starts to be happy.

【注释】

1. 此诗作于 1950 年 2 月 25 日，发表于 1955 年。

来　临 [1]

在较长的傍晚，
光，清冷而昏黄，
沐浴着房屋
恬静的额头。
幽深而赤裸的花园里，　　　　　　　　　5
一只画眉鸣唱，
四周月桂环绕；
它那新削皮的歌喉
震惊着砖墙。
不久就是春天了，　　　　　　　　　　10
不久就是春天了——
而我——我的童年
是一桩忘了的无聊事儿——
感觉就像个孩子
碰见一个大人们　　　　　　　　　　　15
和解的场面，
什么也不懂，
只觉得那笑声不同寻常，
就开始快乐起来。

【评析】

　　春天的来临给诗人的感觉就像孩童即将懂事；反之，懂事年龄的来临给人的感觉也应像春天来临一般；二者同样是美好、自然而神秘的。在此诗里，自然和人事、喻体和喻旨互相平衡、互相说明，巧妙地融合成一体。

◦ **Next, Please**

Always too eager for the future, we
Pick up bad habits of expectancy.
Something is always approaching; every day
Till then we say,

5   Watching from a bluff the tiny, clear
Sparkling armada of promises draw near.
How slow they are! And how much time they waste,
Refusing to make haste!

Yet still they leave us holding wretched stalks
10 Of disappointment, for, though nothing balks
Each big approach, leaning with brasswork prinked,
Each rope distinct,

Flagged, and the figurehead with golden tits
Arching our way, it never anchors; it's
15 No sooner present than it turns to past.
Right to the last

We think each one will heave to and unload
All good into our lives, all we are owed
For waiting so devoutly and so long.
20 But we are wrong:

下一位，请 [1]

总是太热切盼望未来，我们
渐渐养成期待盼望的坏毛病。
什么东西总是在迫近；每日
我们说"到那时，"

一边从崖岸眺望细小、鲜明、　　　　　　　5
闪亮的满载应许的船队航近。
它们多慢！它们多浪费时间，
就不愿快赶！

可它们让我们抓着可恶的失望
稻草，因为，虽说没什么阻挡　　　　　　10
每次大推进：船倾斜，铜制件焕然，
索具历历可辨，

插着旗，船头的破浪神朝我们努着
金乳头，但是船队永不抛锚；
它刚一抵达眼前，就变成过去。　　　　　15
直到最后，

我们都认为，每艘船都会停泊，
把应得的货物都卸入我们的生活，
因我们等候得如此虔诚和长久。
但我们错了：　　　　　　　　　　　　20

Only one ship is seeking us, a black-
Sailed unfamiliar, towing at her back
A huge and birdless silence. In her wake
No waters breed or break.

【注释】

1. 此诗作于 1951 年 1 月 16 日，发表于 1955 年。

【评析】

这是一首悲观但真实的诗。诗人用平静而肯定的语气喻示：人生总是有太多

唯有一艘船在寻找我们，陌生的
黑帆船，船尾拖着一片广大的
没有海鸟的寂静。它航过的水域
没有波痕浪迹。

的憧憬和期冀，但到头来一切皆成空幻，唯有死亡不可避免。

　　全诗运用象征手法，但用一些明示主题的短语加以冲淡，例如"盼望未来"、
"……卸入我们的生活"等，因此效果并不晦涩。

　　"下一位，请"据说是诗人记忆中少年时排队购物时听到的售货员的喊话。
在此借以表现人人必死的普遍真理，具体而生动。

Spring

Green-shadowed people sit, or walk in rings,

Their children finger the awakened grass,

Calmly a cloud stands, calmly a bird sings,

And, flashing like a dangled looking-glass,

5   Sun lights the balls that bounce, the dogs that bark,

The branch-arrested mist of leaf, and me,

Threading my pursed-up way across the park,

An indigestible sterility.

Spring, of all seasons most gratuitous,

10   Is fold of untaught flower, is race of water,

Is earth's most multiple, excited daughter;

And those she has least use for see her best,

Their paths grown craven and circuitous,

Their visions mountain-clear, their needs immodest.

【注释】

1. 此诗作于 1950 年 5 月 19 日，发表于 1955 年。

【评析】

二战后英国工党执政，实行"福利国家"政策，这给（尤其是外郡的）下层青年提供了以往没有的求学和就业机会。他们纷纷涌进大都市，想出人头地。但目睹旧有的上层社会仍过着富裕而悠闲的生活，羡慕之余，他们总感到自己有"一

春 天 [1]

绿荫里人们或坐，或绕圈踱着，
他们的孩子用手指摸苏醒的草，
一朵云静立，一只鸟静静唱歌，
像一面高悬的镜子明晃晃闪耀，
太阳照亮着跳的球、叫的犬，　　　　　　　5
枝桠拘禁的叶簇轻雾，还有我，
正挤过抽紧的道路穿过公园，
——一种难以消化的贫瘠羸弱。

春天，在所有季节中最不知索取，
是天然花蕾的拢抱，是河水赛跑，　　　　10
是大地最多姿多彩、兴奋的女儿；

她最不需要的人们最善于观赏她，
他们的路途已变得畏缩而迂曲，
视野山峦般清晰，需求难抑压。

种难以消化的贫瘠羸弱”。

　　此诗第一节即以基本写实的笔法描绘了一幅公园游春图：有钱有家小的人们在"绿荫里"优哉游哉，他们有皮球、爱犬可玩；而"我"却一无所有，只能匆匆"挤过抽紧的道路穿过公园"。对比之下，不由得自叹自惭。

　　第二节是对春天的赞美，但很自然地使之人格化了——春天成了少女。

　　至于第三节，拉金自己的解释是：那些"贫瘠羸弱"的人（包括"我"）最

能富有想象力地欣赏复苏和再生，但复苏和再生与他们无缘；他们的生活之路并
不自信和快乐。他们所"观赏"的既清晰又美妙，但是他们的需要——需要财富
和女友——比一般人更迫切，因为他们一无所有。

此诗体式是英国式十四行诗体，但后半阕六行的韵式为 eff geg，十分异常，所压韵也部分为不完全韵，这都应该是现代诗人放松传统格律的个性化实验做法。

Talking in Bed

Talking in bed ought to be easiest,
Lying together there goes back so far,
An emblem of two people being honest.

Yet more and more time passes silently.
5　　Outside, the wind's incomplete unrest
Builds and disperses clouds about the sky,

And dark towns heap up on the horizon.
None of this cares for us. Nothing shows why
At this unique distance from isolation

10　　It becomes still more difficult to find
Words at once true and kind,
Or not untrue and not unkind.

【注释】

1. 此诗作于 1960 年 8 月 10 日，发表于 1964 年。

【评析】

西方传统爱情诗中有一个古老的母题，拉丁文叫 *Carpe Diem*（抓住今日），
意在劝说恋爱对象及时行乐。这种主题在我国也有，如杜秋娘的《金缕衣》。这
也可以说是一种人生观。约翰·但恩的《上床》和安德鲁·马韦尔的《致羞怯的

床上交谈[1]

在床上交谈应该最容易，
共卧在那儿回到那么远，
两个人诚实相待的标志。

但越来越多时间默然逝去。　　　　　　　　5
屋外，风不完全狂躁不止，
在空中把云团吹散，吹聚；

黑暗的城镇堆积在地平线。
这些不关心我们。显不出
在远离孤独这独特距离间

为什么会变得更难以寻觅　　　　　　　　10
同时既真实又好听的言语，
或不虚假又不难听的言语。

女友》等都是直截了当，劝说爱人抓紧时间，赶紧上床。但传统诗一般都只写上
床之前，"快乐的结局"之前的游戏。现代诗人则更进一步，写到了上床以后的
情形。上床以后，久而久之成了习惯，我们反而变得没话可说了。本来在床上彼
此交流是件很容易的事情。古人云："至近莫如夫妻"，这种在床上非常接近的"独
特距离"不是普通男女可以轻易达到的。我们虽然"远离孤独"，内心却倍感孤
独。本来两个人躺在一起是应该坦诚相对的，可是在这种情况下，要找到一句不

伤人的真话或不那么不真实但又不那么不伤人的话却很难，因为一说真话就会伤
人；如果不想令对方伤心，那肯定是假话。老子所谓的"信言不美，美言不信"，
似比济慈的"美即是真，真即是美"要深刻些；"真"和"美"有时还真不能共存，
很难做到平衡。这首诗非常诚实地描写了已经在一起过着日常生活的双方之间的

一种状态，这也是拉金这样以诚实为尚的现代诗人才能够正视的题材。在浪漫主义或古典主义时期，一般诗人是回避这种不美的题材的；他只写恋爱之前的追求、相思等等给人以美好期待的一面，而这种高潮过后，梦醒时分的题材是不堪入诗的。这说明诚实面对现实和自我是现代诗的一种发展趋势。

THOM GUNN

托姆·冈恩

托姆·冈恩（1929—2004），生于肯特郡格雷夫森市。1953年毕业于剑桥大学。1954年赴美，在加州大学斯坦福分校攻读研究生课程，从师诗人伊沃·温特斯，并与嬉皮士为伍。毕业后留美教书，为加州大学伯克利分校高级讲师。初期与英国运动派有点联系，后来受美国诗歌影响，开始写实验诗。诗风富阳刚之气。

Autobiography

The sniff of the real, that's
what I'd want to get
        how it felt
to sit on Parliment
5   Hill on a May evening
studying for exams   skinny
seventeen   dissatisfied
        yet sniffing such
a potent air, smell of
10 grass in heat from
the day's sun

I'd been walking through the damp
rich ways by the ponds
and now lay on the upper
15 grass with Lamartine's poems

life seemed all
loss, and what was more
I'd lost whatever it was
before I'd even had it

20 a green dry prospect
distant babble of children
and beyongd, distinct at

自　传

真实的气味，这是
我想得到的
　　在一个五月的
黄昏坐在议会
丘[1]上为考试而用功　　　　　　　　　5
那感觉怎样　瘦干干的
十七岁　闷闷不乐
　　却闻着那么
一股浓烈的空气，带着
白天太阳余热的　　　　　　　　　　　10
青草味儿

我惯常沿着池塘边
潮湿而肥沃的小径漫步
不时躺在高处的
草地上读拉马丁的诗[2]　　　　　　　15

生活似乎都是
丧失，更甚的是
在拥有之前
我就已经失去了

一幅青绿而干燥的风景　　　　　　　20
远处儿童的喧闹
更远处，历历在

the end of the glow

St Paul's like a stone thimble

25   longing so hard to make

inclusions that the longing

has become   in memory

an inclusion

【注释】

1. 议会丘：英国议会大厦所在地，在伦敦威斯特敏斯特市。

2. 阿尔封斯·德·拉马丁（1790—1869）：法国诗人。其作品情调多忧郁。

3. 圣保罗大教堂：伦敦的著名教堂。

【评析】

冈恩说，这首诗是关于他想要写进自传里去的一些特质的。

这里没有象征，也几乎没有比喻，基本上是直叙、写实。据冈恩说，他17岁时，

余晖的尽处
像一枚石顶针的圣保罗大教堂 [3]

多么热切地渴望　　　　　　　　　　　　25
包容，这渴望本身
在记忆中　竟变成了
一种被包容之物

正在伦敦郊区上中学，刚刚开始学诗，最先使他着迷的是济慈。济慈的诗与拉马丁的诗都是以情调忧郁著称的。这自然投合"为赋新词强说愁"的少年情怀。至于"在拥有之前　/　我就已经失去了"一句，冈恩曾举一真实事例：一天傍晚，他在地铁与一陌生少女目光相遇，后来再也没有看见过她。于是这件事成了一种"难忘的失去的机会"。少年诗人渴望把所有真实的经验写进诗行，而事隔多年，这种渴望也变成了记忆中的经验。诗中的写景部分也都是诗人当时所熟悉所热爱的真实环境，是与诗人心境相契合的外在之美，也是诗人想要"包容"在诗中的东西。

TED HUGHES

特德·休斯

特德·休斯（1930—1998），生于约克郡。毕业于剑桥大学。其诗受中古英诗影响，具有原始狂暴的力度；善于"从内部"描写自然，尤其是动物世界。但其风格多样，亦不乏细腻委婉之作。他被公认为二十世纪六七十年代以来英国最重要的诗人之一。1984年被英国皇家聘为桂冠诗人。

The Thought-Fox

I imagine this midnight moment's forest:
Something else is alive
Besides the clock's loneliness
And this blank page where my fingers move.

5　　Through the window I see no star:
Something more near
Though deeper within darkness
Is entering the loneliness:

Cold, delicately as the dark snow,
10　　A fox's nose touches twig, leaf;
Two eyes serve a movement, that now
And again now, and now, and now

Sets neat prints into the snow
Between trees, and warily a lame
15　　Shadow lags by stump and in hollow
Of a body that is bold to come

Across clearings, an eye,
A widening deepening greenness,
Brilliantly, concentratedly,
20　　Coming about its own business

思绪之狐 [1]

我想象这夜半时分的森林：
还有什么东西是活着的，
除了那钟表的寂寞
和我手指在上面移动的这张空白纸。

透过窗户我看不见一颗星：　　　　　　　　　5
什么东西更近了，
虽然寂寞正更深地
进入黑暗之中：

冰冷，轻柔如黑暗的雪，
一只狐狸的鼻子触嗅枝、叶；　　　　　　　10
两只眼睛移动，一下
又一下，一下，一下

在林间的雪地上按出
纤巧的爪印；一条跛脚的影子
小心的落后于树桩旁和坑穴里，　　　　　　15
而身体勇敢地前来

越过开阔地；一只眼睛
一点扩大着加深着的绿光，
辉煌地、专注地
前来处理它自己的事务，　　　　　　　　　20

Till, with sudden sharp hot stink of fox

It enters the dark hole of the head.

The window is starless still; the clock ticks,

The page is printed.

【注释】

1. 此诗发表于 1957 年。

【评析】

有论者认为，此诗是关于诗创作或诗灵感的。休斯自己的说法更具体。他说，

直到，带着骤来刺鼻热烘烘的狐臭味，

它进入头脑的黑洞中。

窗外依然没有星光；钟声嘀哒，

纸页上打印了字迹。

这首诗没有确切的"意思"。它是关于一只狐狸的，但这狐狸既是狐狸又不是狐狸；它既是个狐狸又是个精灵；是诗人用文字捕捉到纸上的"真正的狐狸"。他还说："我猜想在我逝去很久以后，只要这首诗存在，每当任何人读它的时候，那狐狸就会从黑暗中什么地方钻出来，走向他们。"

　　休斯以写大自然的威力和动物世界的野性见长。这是他写的第一首"动物诗"。

Full Moon and Little Frieda

A cool small evening shrunk to a dog bark and the clank of a bucket—

And you listening.

A spider's web, tense for the dew's touch.

A pail lifted, still and brimming—mirror

5   To tempt a first star to a tremor.

Cows are going home in the lane there, looping the hedges with

their warm wreaths of breath—

A dark river of blood, many boulders,

Balancing unspilled milk.

'Moon!' you cry suddenly, 'Moon! Moon!'

10   The moon has stepped back like an artist gazing amazed at a work

That points at him amazed.

【注释】

1. 此诗作于 1968 年。芙丽达是休斯与西尔维娅·普拉斯所生的女儿。

【评析】

前三节诗行几乎全是复杂的名词性短语，他们所描画的一个个形象在空间

圆月与小芙丽达 [1]

皱缩成一声犬吠和一只水桶的叮咚声的一小块凉爽黄昏——

还有在倾听的你。
一张蛛网，被露珠坠紧。
一只提起的桶，平静而充盈——会把
一颗初现的星引诱得发颤的镜子。 5

那边小路上，牛群正在回家，它们温暖鼻息的花环劫掠着
　　路边的树篱——
一条黑暗的血河，许多卵石，
平衡着没有泼洒的牛奶。

"月亮！"你忽然喊起，"月亮！月亮！"

月亮朝后退步，像一位艺术家惊奇地凝视着一件作品—— 10
那作品正惊奇地指着他。

上排列开来，组合成一幅静态的田园风景画。倒数第二节的小女孩的喊声打破
了静寂。而最后一节则是神来之笔：化静为动，化动为静，静中有动，动中有静；
月亮成了活人，从高天上俯视一幅艺术作品，指月亮的小女孩则成了静止的作
品的一部分，而那作品又因小女孩而"活"了起来。童心与大自然的亲近的确
令人惊奇。

SEAMUS HEANEY

谢默斯·希内

　　谢默斯·希内（1939—2013），诗人。生于北爱尔兰。毕业于贝尔法斯特女王大学。以教书为生。1972年移居爱尔兰共和国，生活在都柏林。以写自己熟悉的爱尔兰民俗、神话、乡村生活和社会现实为主，描写客观、具体、克制。技巧上不炫奇，运用传统形式得心应手。1995年获诺贝尔文学奖。被认为是当代最重要的英语诗人之一。

Bogland

for T. P. Flanagan

We have no prairies
To slice a big sun at evening—
Everywhere the eye concedes to
Encrouching horizon,

5 Is wooed into the cyclops' eye
Of a tarn. Our unfenced country
Is bog that keeps crusting
Between the sights of the sun.

They've taken the skeleton
10 Of the Great Irish Elk
Out of the peat, set it up
An astounding crate full of air.

Butter sunk under
More than a hundred years
15 Was recovered salty and white.
The ground itself is kind, black butter

Melting and opening underfoot,
Missing its last definition
By millions of years.

泥炭沼地 [1]

赠 T . P . 弗拉纳甘

我们没有草原
可在黄昏时切割一轮大太阳——
目光处处对
入侵的地平线退让，

被逼入一个水池的　　　　　　　　　　　5
独眼中。我们没遮拦的乡土
是在旭日和夕阳之间
不断硬结的泥沼。

他们从泥炭中掘出
爱尔兰大角鹿的　　　　　　　　　　　　10
骨架，立起来
像一只盛满空气的大筐。

一百多年前
沉入泥下的奶油
挖出来依然又咸又白。　　　　　　　　　15
这土地自身就是柔软、黑色的奶油

在人们脚下融化、敞开，
亿万年来
错过着它的最终定义。

20　　　　　They'll never dig coal here,

　　　　　Only the waterlogged trunks
　　　　　Of great firs, soft as pulp.
　　　　　Our pioneers keep striking
　　　　　Inwards and downwards,

25　　　　　Every layer they strip
　　　　　Seems camped on before.
　　　　　The bogholes might be Atlantic seepage.
　　　　　The wet centre is bottomless.

【注释】

1. 此诗出自诗集《通往黑暗之门》（1969）。

【评析】

　　据希内自己说，这是一首"关于记忆的诗"。泥炭沼是爱尔兰特有的地貌风景，泥炭是草木在沼泽淤泥中埋藏数万年之久变成的，具有长久保持裹在其中的物质不变质的特性。爱尔兰有许多珍贵文物都是"在泥炭沼中发现的"，其中包

他们在这里永远挖不到煤，　　　　　　　　20

只有被水浸泡的巨杉
树干，柔软得像纸浆。
我们的拓荒者们不断进击，
向里，向下，

他们掀起的每一层　　　　　　　　　　　25
都好像从前有人在上面居住过。
沼眼或许是大西洋的渗漏处。
那潮湿的中心深不见底。

括远古时代祭祀沼泽女神用的、至今面色如生的青年男子人头。因此，泥炭沼被
诗人看作是"牢记发生在其中和降临于其上的一切的风景"。而且，他试图"在
记忆与泥炭沼地，以及……我们的民族意识之间制造一种和谐"。他进一步说："我
阅读了在美国意识中作为重要神话的边疆和西部作品，因此我提出——或毋宁说
确定了——泥炭沼，作为相应的爱尔兰神话。"但是，诗中的细节基本上都是写
实的。泥炭沼则成了爱尔兰民族意识的象征——它容纳、保存、记忆、积累、延续，
却甚少改变。

Rite of Spring

So winter closed its fist
And got it stuck in the pump.
The plunger froze up a lump

In its throat, ice founding itself
5 Upon iron. The handle
Paralysed at an angle.

Then the twisting of wheat straw
Into ropes, lapping them tight
Round stem and snout, then a light

10 That sent the pump up in a flame.
It cooled, we lifted her latch,
Her entrance was wet, and she came.

【注释】

1. 此诗出自诗集《通往黑暗之门》（1969）。

【评析】

水永远是生命的象征，因为它是生命存在的必要条件。在今天的北爱尔兰乡村，农民们仍用手压水泵汲取井水。在此诗里，诗人把农民们在冬天烘烤结了冰

春之祭 [1]

寒冬握紧拳头
就这样卡在水泵里。
柱塞在它的喉咙里

冻结成坨，冰块附着
在铁上。手柄　　　　　　　　　　　　5
瘫软弯垂。

于是把麦秸拧成
草绳，紧紧缠绕
在铁管上，然后一把火

将水泵团团烘烤。　　　　　　　　　　10
它凉了，我们掀起她的活门，
她的开口处湿了，她来了。

的水泵这一现实生活事件与古老的祭祀繁殖女神以求丰年的风俗联系起来，因为
这二者都与生命的延续有关。从开篇起，诗人一直用中性代词"它"（it）指代水泵，
而在倒数第二行突然换用阴性代词"她"（her），意在表示水泵的人格化，亦即
繁殖女神的复苏。诗中用了一些双关的性意象，贴切而自然，既表明"她"的身份，
又暗示性与水同是生命延续的必不可少的因素。

Lightenings (VIII)

The annals say: when the monks of Clonmacnoise
Were all at prayers inside the oratory
A ship appeared above them in the air.

The anchor dragged along behind so deep
5   It hooked itself into the altar rails
And then, as the big hull rocked to a standstill,

A crewman shinned and grappled down the rope
And struggled to release it. But in vain.
'This man can't bear our life here and will drown,'

10   The abbot said, 'unless we help him.' So
They did, the freed ship sailed, and the man climbed back
Out of the marvellous as he had known it.

【注释】

　　1. 此诗出自诗集《眼离》（1991）。

【评析】

　　这首诗写的是一个奇迹或超自然事件，无论它是出于信史，还是诗人的虚构。奇迹"发生"在很久以前，爱尔兰一个古老的修道院里。爱尔兰天主教在传播过程中往往与地方迷信传说相结合，教会史籍往往把传说当作事实来记载，在现代

回光返照（之八）[1]

编年史说：克伦迈克奈斯的全体修道士
正在礼拜堂中做祷告的时候，
一艘大船出现在他们头顶上的空中。

船锚拖曳在船尾后头，沉得太深，
竟钩在了祭坛栏杆上面，   5
随后，巨大的船体摇晃了一阵便静止不动，

一名水手手脚并用顺缆绳溜下来
挣扎着要解开它。但是白费力气。
"这人忍受不了我们这儿的生活，会淹死的，"

修道院长说，"除非我们帮他。"他们   10
帮了他，解脱的船继续航行，那人爬了回去，
出离了他已知的奇妙世界。

人看来其中不乏奇迹。我国的史籍也是如此，其中记有许多荒诞不经的事情。爱
尔兰许多编年史都是教士所作，保存在修道院里，往往记载当地的各种奇闻异事，
相当于我们的地方志。此诗未必是某部实在而少为人知的古爱尔兰编年史中内容
的重述或转述，而可能仅仅是假托。其叙事口吻之平淡似乎在暗示，古人对这种
事可以说是司空见惯，不以为怪。其细节描写之逼真，又仿佛记述者亲眼所见。
克伦迈克奈斯修道院的修士们正在集体祷告的时候，礼拜堂上空出现了一艘船。

那肯定不是人类，而是超人类；不是天使，也是某种超自然存在或爱尔兰兰伊德教传说中常有的精灵。对于他们，空气好比海洋，人在地面上就相当于在海底，鸟在空中就相当于在海面上。船抛锚的时候，锚钩挂到"海底"修道院祭坛的栏杆上了。船晃了晃，然后停住了，走不了了。故障发生后，一个船员沿着锚索"潜水"滑下来，试图脱开锚钩，但弄了半天也解不开。时间长了，他就会"淹死"，因为他属于另一个世界，空气对于他犹如水对于人类。见多识广的修道院院长发现后说："这人忍受不了我们这儿的生活，"这话很可能有双关的意思，意谓我们清苦的修道生活非常人所堪忍或我们污浊的人世生活非精灵所堪忍。那么，这首诗就有了某种寓言性质。最后，他们帮他把锚钩脱开了。重获自由的精灵把船开走了，那"人"又顺着锚索爬回船上去了，脱离了他所见识过的这个奇妙的"海底世界"。这个结尾也似具有象征意味，有关救助、人道、解脱、神异。诗人是透过人类的常识来叙述一个极不寻常的事件。这是一种"反神话"写法。神话一般是把人事写得神奇，是神化，而反神话是把神迹写得平常，是人化。视角颠倒，所以看起来很有意思。这显然是一个富于想象的虚构，一个戏剧场景，一个传奇故事。不过，空中飞船的想象并非希内首创，而是出自文学传统，《彼得·潘》里就有，类似的还有《豪尔的移动城堡》。

论诗之可译 *

诗之可译，本是不言而喻的。古代希腊译《圣经》，我国译《佛经》，其中都不乏诗的翻译。那时人们可能并不问诗是否可译，而只是根据需要照译而已。大概是到了近代，才有人提出了诗不可译说。面对人类已有的上千年的译诗史实，这种说法无疑极富挑战性，以至于迄今仍在各国诗界和译界盛行不衰：于是，诗究竟可不可译这个原本多余的问题似乎变成了使译诗者困惑的永久性问题了。因此，在讨论译诗之时，有必要首先澄清这一问题，为译诗正名，否则译诗者将永远无法摆脱为罢两难的心理困境，他的劳动成果也得不到应有的尊重。

有人说，译诗是一回事，诗在理论上究竟可不可译是另一回事。言外之意也就是说，诗在理论上是不可译的，译诗乃是知其不可为而为之，是不得已的事。[1] 我以为，这一说法似是而非，是不符合常识和逻辑的。我们知道，有些在理论上行得通的事情由于客观条件的限制可能暂时在实践中行不通，却很少听说，在理论上行不通的事情反而能够在实践中大行其道。换句话说，实践证明行得通的事情在理论上必然也行得通。因为实践是第一性的，理论是第二性的，任何理论都来源于实践，终又必须回到实践中接受检验，所以与事实不符的理论很难说是正确的。人类既然已有上千年的译诗史实，我们怎能视而不见，又怎能仅凭一种故弄玄虚的理论将它一笔抹煞呢！

倡言诗不可译者大概以 19 世纪英国诗人雪莱在我国的影响为最大。他在《诗辩》一文中写道："译诗是徒劳无益的，把一个诗人的创作从一种语

---

* 　本文是根据在 1989 年全国英语诗歌翻译研讨会上的发言整理而成的。

1 　见王以铸《论诗之不可译》，《翻译论集》(罗新璋编)，商务印书馆，1984 年，第 873 页。

言译成另一种语言，犹如把一朵紫罗兰投入坩锅，企图由此探索它的色泽和香味的构造原理，其为不智一也。"[1] 这一比喻未免太残酷了些，而且它并不恰当，乃是基于对译诗机理的误解。我认为，诗歌翻译是一种近似创作的精神活动。它不是科学，而是艺术。其目的不在于研究花朵的"色泽和香味的构造原理"，而在于模仿再现包括其色泽和香味在内的花朵整体。其过程不是解剖分析，扼杀生命的过程，而是受孕怀胎，再造生命的过程。恰当的比喻应当是：译者与原作结婚而产生新的生命——译作；译作既不是译者的独创，也不完全等于原作，而是由父精（原作的精神）母血（译者的语言）构成的独立存在，因此它又与那二者有许多相似之处。

现代美国诗人罗伯特·弗罗斯特则干脆把诗定义为"翻译中所丧失的东西"。这个定义是不可逆的，反过来便不能成立，因为在翻译中丧失的东西不一定就是诗。其实翻译中的丧失是必要的，首先便是原文的丧失。这是符合翻译的本质的。诗是语言的艺术，那么是否就可以因此而断言，随着原诗语言的丧失，诗也就完全丧失了呢？当代英国诗人唐纳德·戴维认为，"最伟大的诗是最能够从翻译中幸存下来的"，因为诗更应当是"对普遍真理的探索，而不仅仅是对全部人类语言中某一种语言的独特性质的利用。"[2] 对此，我的理解是，在翻译中随原诗语言一同丧失的主要是属于该语言独特性质的东西，而不必是属于纯粹的诗的东西。纯粹的诗应是一种抽象的存在，是人类共通情感和对普遍真理的认识的结晶，因此它可以具体化为任何一种人类语言而为全人类所理解和欣赏。真正的诗是经得起翻译的。完全不可翻译的诗——如具体诗（concrete poetry）——只不过是利用某种语言的特性所做的文字游戏罢了。译诗的主要目的即在于传达诗的精神或灵魂，也就是诗之所以为诗的东西，而不在于活剥硬套诗的躯壳，即诗的外在形式。

雪莱和弗罗斯特的理论大概都是基于另一种更有影响的诗歌理论，即认为诗的内容和形式密不可分的有机形式论。从翻译的角度讲，语言（形式）和意义（内容）无疑是可析离的；如果说二者绝对不可析离，那么便不会有

1　转引自上书，第 674 页。
2　John Press, *Rule and Eenergy*, OUP, 1963, p.113.

任何翻译活动,因为翻译的本质是"更换语言而保存意义"(《牛津英语词典》)。实际上,在掌握两种语言的翻译者的大脑中,语言和意义的析离是可以实现的,只不过这种析离不是简单机械的物理运动,而是复杂微妙的精神活动。诗既然也是语言和意义的结合体,其语言和意义当然也是可以析离的,虽然它们的结合较为复杂紧密,析离起来较为困难,随语言丧失的意义也多些。

有人认为,爱德华·菲茨杰拉德译的《鲁拜集》和埃兹拉·庞德译的《华夏集》好则好矣,但不能算是翻译,而等于是创作。理由是他们的译笔都比较自由,是所谓"意译"或借题发挥。我以为这种看法忽视了翻译的基本特征,而把翻译和创作混为一谈了。翻译(此处指笔译)实际上是根据以某一种语言写成的本文(text)用另一种语言所作的重写(re-writing)。它与创作的本质区别即在于前者有原作为依归,而后者则无。因此,即使说以上所提到的二位译者的诗作中有较多的创作成分,其意蕴与原作有较大的距离,那也充其量只能说它们是不忠实的译品,而不可能称之为创作。如果说他们仅仅从原作获得灵感,那也是不符合事实的。实际上他们不仅仅从原作获取了他们单凭西方人的生活经验无论如何也梦想不到的东方式的"灵感",而且在译作中多或少地保存了原作富有异国情调的意象、情境等,甚至做到了大部分字句也能够与原作逐行对应。这表明其译作内容基本上是照搬原作,所谓"创作"不过是诗歌翻译中合理的整形工序罢了,并不足以否定其根本来源。所以,若说其译作不是翻译,那也只能说是剽窃,根本就谈不上是创作。创作之说实际上是某些评论者强加给它们的,别说原作者不答应(假如他们在世的话),译者自己也不敢大言不惭地予以承认吧。他们的译作前(后)不是标明着原作者的姓名吗?

从以上对几种流行理论的辩驳中,我们可以得出这样的印象,即诗不是绝对不可译,而是比较难译。难就难在译诗是一门艺术,需要一定的再创作。一般(非文学)翻译可以只做到得意而忘言,即只传达意义而不重译文的欣赏价值。诗歌翻译则不仅要得意,而且要重造新言,也就是说,译作必须还是诗。现代爱尔兰诗人威·巴·叶慈写诗通常要经过两道工序:第一步写成散文;第二步修改成诗。我想译诗也同样可以分为两步走:第一步传达意义,译成散文;第二步重造形式,整理成诗。把诗译成散文,只完成了第一步,这与一般翻译并无多大区别。译诗之难，实际上在于第二步。这一步与创作相似，但又必须时刻照顾原作。因此有人说译诗甚至难于写诗。

至于如何重造形式，这恐怕是译诗界一向争议最多的问题。诗的形式是由语言的特性决定的。各国语言不同，其诗体形式必定也各不相同。因此，有人主张采用译入语体系中固有的诗体形式来容纳译出语原诗的内涵，这本来是合理的。例如英国诗人亚历山大·蒲柏就曾用英雄双行体译荷马史诗；我国也曾有人用五言古诗体译拜伦的《哀希腊》。但是，从国际文化交流的角度来看，这种方法显得消极和保守，因为至少在形式方面，它只起到了平行对应，而非相互借鉴的交流作用。

而实践证明，形式在一定程度上是可以移植的。就我国而言，自从新文学运动以来，白话诗虽然取代了文言诗，却一直没有定形的格律。因此，我们不再可能用现成的诗体形式来译外国诗了。移植外国诗的形式遂不可避免地成了新文学运动的一大内容。然而，由于语言差异的限制，也不可能完全照搬外来形式。有些东西是可以模仿的，如韵式、跨行、诗节体式等，而有些东西是不可模仿的或者说很难模仿的，如节奏式、头韵、阴韵等。这些在移植的过程中都要根据译入语的特性决定取舍和改造。比如说，希腊语和拉丁语的长短音步格到了英语中就自然换易成轻重音步格，因为英语的节奏是靠轻重音而非长短音交替排列而体现的。

相比之下，我国目前较为流行的在英诗汉译中"以顿代步"的做法便显得有所不足。因为汉语与英语属于不同语系，语音差异很大，节奏的构成也大不相同。英语的节奏取决于轻重音的安排；汉语的节奏则与声调（平仄）的安排有一定的关系。如李清照《声声慢》一词开头十四字"寻寻觅觅冷冷清清凄凄惨惨戚戚"，两两叠音，假如不是由于声调的变化而有规律的排列，必然会听起来单调不堪，毫无节奏感可言。英语的节奏单位（音步）纯为语音所规定，不必与语义单位保持一致。如莎士比亚的《春之歌》首行：

When dai-│sies pied│and vio-│lets blue-│

其中 daisies 和 violets 二词都被节拍拦腰打断，分属两个音步，但其意

义并不受影响。汉语的节奏单位（顿）则往往受语义的制约，须与语义单位
保持一致。如以上诗句的译文正确的顿法应是：

当杂色的 | 雏菊 |（开遍 | 牧场），| 蓝的 | 紫罗兰，|

（朱生豪 译）

每一顿也即是一个词或词组。假如仿照原文在词的中腰顿开：

当杂色 | 的雏 | 菊（开遍 | 牧场），| 蓝的紫 | 罗兰，|

听起来便会不知所云，因为语义单位遭到了破坏。英语节奏属音强型，
每个音步历时长度相等，而且一般只含一个重读音节。当重读音节数一定时，
其间嵌入的轻读音节愈多，节奏速度便愈快。因此，当一行诗的音步数一定
时，其音节数与节奏速度成正比。例如三个轻轻重格音步（I | can re-men- |
ber when he | was a pup |）读起来就要比三个轻重格音步（To war | and arms |
I fly |）速度快些。汉语节奏属音节型，每个音节的强度差不多，所以当一行
诗顿数一定时，音节数愈多，节奏速度便愈慢。这与英语正好相反。例如三
个三字顿"也不妨 | 到各处 | 去荡荡"读起来就要比三个二字顿"衰草 | 渐
远 | 渐黄"速度慢些。所以说，以顿代步——即以汉语中相同的顿数对应英
语原文的音步数——在英诗汉译中仅仅着眼于外形的近似，而忽略了效果的
对等。比如，英语的五音步句速度远比汉语的五顿句快，前者也许表现欢快
的情绪，而后者的调子却可能显得低沉，二者节拍数量相等，表情效果却未
必对等。我认为，更恰当的做法应当是以诗句的情绪基调为尺度来衡量其长
度和速度，找出它们之间的关系，即什么样的情绪是以什么样的节奏来表现
的，然后在译文中以近似的关系来与之对应。这样做的结果是顿数与音步数
不一定相等，但效果却更接近对等。

总而言之，移植诗体形式对于丰富各国诗歌的表现方法有着积极的意义。
可以说，没有对外国诗体形式的引进，就没有我国今天丰富多彩的新诗。又

比如说，十四行诗本是意大利的土产，却在英国深深扎下了根，成了最流行的诗体形式之一；然而亦步亦趋的模仿也是不可能的，十四行诗便有英国式和意大利式之分。

我以为，单纯地模仿一韵一步是不足取的，重要的是要再现原诗的内在结构，即各个部件相互间的关系及其表意和表情功能。现代诗大多呈开放形式。诗人即使采用传统诗体，也并不拘泥，而往往是根据诗的内容加以变化调整。美国诗人查尔斯·奥尔森说，"形式是内容的延伸"；英国诗人菲利蒲·拉金则说，"每一首诗都必须是它自己新创的宇宙。"[1] 写诗如此，译诗亦应如此。也就是说，译诗应以再现原诗的神韵为主，要依神赋形，而不能以形害神，以致形神皆失。至于怎样才能最好地体现这一原则，那就要看译者的功力与努力了。写诗无定法，译诗亦无定法，关键是不能背离原诗这个参照的标准罢了。

（原载《诗刊》1990 年第 2 期）

1　Andrew Motion, *Philip Larkin*, Methuen, 1982, p.19.

译诗杂谈

有人说，译诗还应是诗。不错。但问题是，译与诗孰占第一位。依我看，这里所谓的诗不应是创作或仿作之诗，而应是翻译之诗。顾名思义，翻译诗即诗前加翻译：翻译第一，诗第二。这是分开来讲。既然分而言之，就有先后之序。实则二者也许是不可分的。翻译的第一和最后标准是准确，这是无可争辩的原则；尽管各家各派表达方式不同，或曰信达雅，或曰音形义等等，不一而足，但都有个指归。若仅单纯言诗，则不必瞄准原文，甚至可以完全与翻译无关。

国内外有不少大胆的诗作者仅从原诗中寻找灵感，然后自出机杼，任意发挥，敷演成篇。他们的产品或者标明意译或仿作，或者干脆收入本人名下的作品集，而这类译者一般是不怎么懂所译的原文的。例如埃兹拉·庞德译李白的《长干行》："十六君远行 / 瞿塘滟预堆 / 五月不可触 / 猿声天上哀"变成了 "At sixteen you departed, / forever and forever, and forever. / You went into far Ku-to-Yen, by the river of swirling eddies, / And you have been gone five months. / The monkeys make sorrowful noise overhead." "五月不可触"是承上句说明在阴历五月份瞿塘峡水急滩险，不可接近，而译文却变成了"你已走了五个月"（故无法触及）。滟预堆本是位处瞿塘峡口的一堆礁石，在译文里却变成了二合一的地名"瞿塘滟"（Ku-to-Yen）。其他添枝加叶之处亦复不少。但这并不妨碍庞德的译诗成为美国大学英文系必读的经典。他的译诗集 *Cathay* 似乎更多地被认为是（再）创作而非译作。

有一回，一位中文诗作者拿出自译的西尔维娅·普拉斯的 "Lady Lazarus" 一诗给我看，声称是当时国内最佳译本。我当场浏览一遍，即发现上十处误译。记得最清楚的是她把原诗中一短语 "in broad day" 译成"在无边的日子里"。这听起来多么富有诗意呀！够美够朦胧的，但究竟是什么意思呢？其实原文不过是"在大白天"之义，或顶多可译为"在光天化日之下"

而已，清楚而明白。也许从整篇看来，该译诗可以算得上是一首不错的中文诗，但是，在原文这个至高无上的标准的对照下，恐怕就不能算是好的翻译诗了。

也许就是在这类译诗的影响下，国内有些年轻的诗作者们便误以为外国现代诗就是这般朦胧晦涩，于是竞相仿作起语意半通不通，逻辑混乱不清，无法分析解释的"现代诗"、"实验诗"来。而他们的创作实践又反过来影响一些半吊子译诗者（有些就出自他们自己的队伍），恶性循环出一些不堪卒读的东西来。我曾间接听到过这样一种极端的邪说，曰，译诗何难？译散文还得把意思搞通顺了；译诗嘛，尤其是译西方现代诗，越不通就越像诗！悲夫！持这种论调者或实际上如此实践者恐怕还大有人在。而且竟还有不少此类不通的译品出版问世呢。难怪人们现在要为翻译水准的下降而紧急呼吁了。而译诗界又是最容易鱼目混珠的领域。

直译意译之分野，历来众说纷纭。我的简单理解是：似乎把"call a spade a spade"译作"把铲子就叫做铲子"是直译，译作"实话实说"则是意译。这与西方时下流行理论所谓的"异国化"（foreignization）与"本土化"（domestication）是一回事。从文化视角看来，本土化有利于使译入语（target language）文化保持纯洁，而异国化却可能使之丰富。我曾听一位台湾学生说，"以眼还眼，以牙还牙"乃是中国成语（其实是犹太成语）。惊讶之余，亦深感好的直译确能融入本国文化。汉语中译自佛典的成语更是不胜枚举。现在改革开放，新的外来语如潮涌来，非直译甚至音译不能"洋为中用"。比较而言，意译易，直译难。意译多以现成熟语套原文，结果往往非过即不及；直译既需有创意，又需通顺畅达，甚难做好。

以色列大诗人耶胡达·阿米亥曾对我说："诗就像科学一样精确。诗人只说'好'，而不说'非常非常好'。"不论古今中外，好诗都讲究炼字炼句，有所谓一字不易之说。所以，译诗应直译，庶几像译科学论文一样一丝不苟，当然这不等于逐字死译。起码应尽量移植原诗形象，因为形象化是诗歌语言的重要特性。已故赵萝蕤教授曾举例说，她在译《草叶集》时，曾把full-lunged一词译作"肺量饱满的"，却被编辑改为"宏亮的"。其实，肺（活）量饱满，声音自然宏亮。原词本来就是惠特曼自己组合的一个极具感性的词，赵译也富有创造性，却被笃信字典的编辑抽象化了。具体性是诗歌语言的另一特性，与形象化密不可分。记得曾听一位资深翻译家讲，他喜用中国古诗体译西洋诗，为了译文整齐，而把 the Hebrides 译作"北方的岛"。这虽无不可，但原文的具体性被一般化了。这种情况在中诗英译中更其多见，中文诗中的许多典故就往往不得不被一般化。为了保留原文形象、典故、双关语等修辞手法的具体性，不得已只好加注，而加注的做法似乎会使一般读者感到烦恼。但我赞成加注。因为这不仅是一个译文的"本土化"与"异国化"之分的问题，而且涉及到一个民族是否应该输入新知的问题。有人认为，本国读者不熟悉的异国事物应通过一般化等手法使之本土化，而不应以注释给读者添烦。其实，注释也是可以从有到无的。例如，中国人原本不知"摆轮"（Byron）、"拿破轮"（Napoleon）等为何物，现在一般出版物都无须对此类名词加注了。注释是介绍新知的第一道钥匙，译者有责任把它塞给有耐心的读者。

　　至于诗体形式，在某种程度上，在不同语言之间也是有可能通过平行模拟而移植的。这是不争的事实。例如韵式，用拥有大量同音、近音字的汉语模拟任何语言中的种种韵式都不难做到；反之，用英语等西方语言模拟汉语诗的一韵到底就难乎其难了。而节奏呢，用汉语文言固有的三、五、七言格式套装英语传统的抑扬格五音步格式不能算是模拟，当然谈不上形式的移植了。前辈诗译家孙大雨、卞之琳等先生倡导的"以顿代步"法，是一项了不起的发明，虽还不够完善，但行之有效，为格律诗的翻译提供了基本规范。关于此方法的不足，我曾在别处有所讨论，并另撰有专文提出汉语白话诗格律建设之我见。我曾经请教奉行以顿代步之法且卓有成绩的老译家屠岸先生，能否把此法推向极致，例如以汉语的三字顿代替英语的抑抑扬格音步，以二字顿代替抑扬格音步，而在诗行中一一对位якого。他答曰，试过，但很难做到。我还没有认真试过，因为我觉得这样做不大必要（据说现在有位菲律宾华侨施颖洲先生这样译，我还未读到）。理由是"以顿代步"本来就是一种权宜之计，尽管目前似乎还没有更好的方法替代它。汉语和英语的节奏不同，一属声调音节型（tonal-syllabic），一属重音音节型（accentual-syllabic）；前者与语音的平仄有关，后者则与语音的轻重有关。所谓"音顿"（或称"音组"）与"音步"亦是两回事，一多基于语义，一纯基于语音；所以二者之相替代实际上是各说各话，与五、七言之于抑扬五音步格似无本质的区别。既如此，我便不拘泥于顿与音步在数量上的对应，而是着眼于译文本身的齐整美观。汉语的节奏是依赖音节数的，故汉语格律诗多是所谓"豆腐块"。英语、法语等西方语言的节奏也在不同程度上依赖音节数。他们的诗行拼写出来固然长长短短，实际上各行的音节多少大致相等，也就是说，诗行仍是整齐的。那么，在译文中整齐诗行，不仅符合汉语习惯，而且在某种意义上与西诗原文的形式有所对应。或问，此法与用汉语传统诗体译西洋诗有何不同。曰：亦无本质的不同，只不过我不用文言而用白话，不仅限于用五、七言，而以足够表意为准。实际上，用现代白话译西诗，如果设定一行十字左右，那么自然就有五、六顿，因为现代汉语最基本的顿只有二和三音节两种。这与"以顿代步"的效果也差不多，但增加了视觉上的美感。其实，节奏是语言的固有成分，是无法移植的；诗歌形式中能被移植的部分只有体式（行数、分节）、韵式等人为规定。

　　总之，译诗首先是翻译。翻译以准确为第一要义，译诗也不能例外，还是应以准确为第一要义，然后才是诗意、诗性、诗形式。保守地说，就是先要把每句诗的意思搞对了。犹如艾略特所说，好诗应当首先是好散文。当然准确的含义也应包括语义、语气、风格等诸方面。真正做到各方面的准确而圆融，大概就达到了所谓化境了。也就是孔夫子所说的"从心所欲，不逾矩"。译诗宁拙勿巧，先不逾矩，才谈得上从心所欲。具体而言，即能直译时尽量直译，否则才宜变通。直译虽吃力难讨好，但有其积极意义。英国诗人唐纳德·戴维说过，真正的好诗是经得起翻译的。依我看，经得起直译的才是真正的好诗。在翻译中失去的东西不一定就是诗。

（原载《世界文学》2001 年第 2 期）

我的译诗原则、方法和译者的修养观

我是个翻译实践者，不是纯理论家，在此无意提出似乎放之四海而皆准的抽象理论，而意在对自己多年的翻译（尤其是译诗）经验做一总结，从中归纳出"几要几不要"（师法埃兹拉·庞德的《意象主义者的几不要》之意），作为也许只适用于我自己的个人理论或主张。

一、原则

以准确为唯一标准，奉原文为圭臬，以模拟为能事，述而不作，于规矩中求自由，不指望像有人主张的那样，"超越"原文（译文与原文本不可比，故无所谓超越不超越）。

翻译一如打靶，原文原意即靶心，愈接近靶心则得分愈高，理想的译文为"得中"，这也是《易经》的最高理想。所谓"胜过原文"，其实为过，过犹不及，都是脱靶。

我所谓"准确"大略相当于严复的"信"。严夫子说："求其信已大难矣。"我说："信则万事毕矣。"准确有多方面的含义。首先是意义的准确，这似乎无庸赘言。但是，诗与散文不同，它的内容与形式是有机地统一的，换句话说，即诗的意义至少部分是体现在形式之中的。所以，翻译散文可以"得意而忘言"，译诗则不可以。译诗的意义之准确不仅仅等于原诗散文释义的准确，它还应具备相应的有欣赏价值的诗的外形。

至于译诗形式的准确，向来争论颇多，但意见不外乎两类，或者三类。一类是主张不顾原诗形式，一概以自由体或散文体译之；一类是主张照顾原诗形式，以格律体译格律诗，以自由体译自由诗。在后者之中，又可分出两种意见：一种主张模拟原诗形式，亦步亦趋（包括对自由诗）；另一种则主张用译入语系统中固有的或译者自创的格律体式来置换原诗体式（例如用七

律译十四行体）。在我看来，第一类是不及，第三类是过，而我倾向于模拟
原诗形式（尽管我在早期曾尝试过自由意译）。

　　坚持形式可以通过平行对应模拟，异化（foreignization）移植的主张。
因为在汉语中这不难做到。我国新诗发展的经验告诉我们，诗体形式在一定
程度上是可以移植的。诗体移植对于译入语诗歌表现方法的丰富和发展是大
有裨益的。当然，既然不同语言系统在外观上似无共同之处，我们不可能处
处照搬，但其中必有相通的道理和规律可循，理应可以做到哪怕是部分的平
行对应，例如行数、音节数、节拍数、韵式，甚至头韵、倒装等。总之，模
拟原诗格律不仅可以给译者以类似创作格律诗那种带着镣铐跳舞的乐趣，而
且可以挖掘译入语的表现潜力；译文有所依据，才有准确度可言。知其难而
为之，方显可贵。

　　最后，是风格的准确。风格或曰文体包括语气、措辞、意象、修辞等方
面。语气似乎较抽象，难以直接摹仿，只好在吃透原文之后，在译文中通过
句法和词法的选择运用体现出来，例如讽刺、幽默、哀伤、欢乐的语气就应
相应译出。措辞可平行类比，如 archaism （古旧语）可用文言来译；俚语可
用俚语来译；口语体用口语体来译，掉书袋的学究体则用相应的文体来译。
但这不是说，不可以用现代汉语来译中古英诗。语言是发展的，译文是为当
代及以后的读者服务的，理应不断更新。然而起码应当做到，原诗崇高庄
严，译诗也应如是；原诗诙谐下流，译诗也应如是。语言则不必复古倒退。
有人用中国古体诗译西方近现代诗，雅则雅矣，但时序颠倒，不足为训。意
象应尽可能保持原貌，必要时宁可加注，也不将其抽象化或套入译入语中现
成的陈词滥调。因为意象在诗中，犹如眼睛或灵魂，占有极重要的地位，稍
加改动则全诗面目全非。我主张移植意象，而不赞成为迁就读者而加以归化
（domestication）变通，因为前者对于丰富我们的想象力颇有益处。修辞等
表现手法也是可以模拟借鉴的。以前我们只知道赋、比、兴，现在不也大谈
象征主义、超现实主义等等了吗？

　　以上是义、形、体分说，其实在实际操作过程中，诸方面都是有机地结
合在一起的。总之，要以原文为依据，尽可能做到准确、准确、再准确。这
也是检验译诗质量的唯一参照标准。

以用原文单语词典（例如英英）为主，翻译双语词典（例如英汉）为辅。从一开始就自行择义翻译，而不假隔雾看花的翻译词典。如遇动植物等专有名称术语，则用翻译词典较省事。

双语词典的释义也是翻译，且未必是好的译文，因为它往往省略了原文关键的释义，而代之以译入语相应的词，有时用几个词对应原词的不同含义方面，译者不小心就会错选了词义。通过它看原文，总是隔了一层（别人的译文）。若逐词照搬，岂不等于抄袭别人的译文？而且效果并不见得好。用原文词典，从第一步起就自行翻译，才算是真正的翻译。

事先不看已有的他人的译文。那样无形中会受影响，无论是好的还是坏的。如果看，也只在自己译毕后对照着原文参看，借以发现自己的误译，而不掠人之美，照搬别人漂亮的译文。据我所知，颇有些人是在自己动手之前先找别人的译文来看，再参照原文或根本不参照原文，加以改动而已。还有些人公然掇取别人的佳译，镶嵌到自己的译文之中而不加注明。这还能叫翻译吗？

二、方法

查尔斯·奥尔森和罗伯特·克里利说："形式不过是内容的延伸。"故我译格律诗不采"以顿代步"的机械做法，而自创内容先行的有机齐行法，既能收类似之效，又或许更整齐美观。理论如拙作另文《译诗杂谈》所述：

> 至于诗体形式，在某种程度上，在不同语言之间也是有可能通过平行对应模拟而移植的。这是不争的事实。例如韵式，用拥有大量同音、近音字的汉语模拟任何语言中的种种韵式都不难做到；反之，用英语等西方语言模拟汉语诗的一韵到底就难乎其难了。而节奏呢，用汉语文言固有的三、五、七言格式套装英语传统的抑扬格五音步格式不能算是模拟，当然谈不上形式的移植了。前辈诗译家孙大雨、卞之琳等先生倡导的"以顿代步"法，是一项了不起的发明，虽还不够完善，但行之有效，为格律诗的翻译提供了基本规范。关于此方法的不足，我曾在别处有所

讨论，并另撰有专文提出汉语白话诗格律建设之我见。我曾经请教奉行以顿代步之法且卓有成绩的老译家屠岸先生，能否把此法推向极致，例如以汉语的三字顿代替英语的抑抑扬格音步，以二字顿代替抑扬格音步，而在诗行中一一对位呢。他答曰，试过，但很难做到。我还没有认真试过，因为我觉得这样做不大必要[1]。理由是"以顿代步"本来就是一种权宜之计，尽管目前似乎还没有更好的方法替代它。汉语和英语的节奏不同，一属声调音节型（tonal-syllabic），一属重音音节型（accentual-syllabic）；前者与语音的平仄有关，后者则与语音的轻重有关。所谓"音顿"（或称"音组"）与"音步"亦是两回事，一多基于语义，一纯基于语音；所以二者之相替代实际上是各说各话，与五、七言之于抑扬五音步格似无本质的区别。既如此，我便不拘泥于顿与音步在数量上的对应，而是着眼于译文本身的齐整美观。汉语的节奏是依赖音节数的，故汉语格律诗多是所谓"豆腐块"。英语、法语等西方语言的节奏也在不同程度上依赖音节数。他们的诗行拼写出来固然长长短短，实际上各行的音节多少大致相等，也就是说，诗行仍是整齐的。那么，在译文中整齐诗行，不仅符合汉语习惯，而且在某种意义上与西诗原文的形式有所对应。或问，此法与用汉语传统诗体译西洋诗有何不同。曰：亦无本质的不同，只不过我不用文言而用白话，不仅限用五、七言，而以足够表意为准。实际上，用现代白话译西诗，如果设定一行十字左右，那么自然就有五、六顿，因为现代汉语最基本的顿只有二和三音节两种。这与"以顿代步"的效果也差不多，但增加了视觉上的美感。其实，节奏是语言的固有成分，是无法移植的；诗歌形式中能被移植的部分只有体式（行数、分节）、韵式等人为规定。

1　据说现在有位菲律宾华侨施颖洲先生这样译，我读过一两首他的译诗，颇有削足适履之感。他事先把每行字数规定得太少、太死（抑扬格五音步行译为十个汉字），每每回旋不开，而产生局促、不自然的效果。他这种译法与"以顿代步"法并无本质区别，只不过更加严格一些而已。

如上所述，以卞之琳为代表的"以顿代步"法失之严整不足（后来他虽又提出"参差律"作补充，但二、三字顿的相间仍是随意的、无规律的）；施颖洲的方法则失之严整太过（他把字顿的排列规律化了，且给汉字强分轻重，但忽略了拗变格），但二者更主要的共同之弊却在于，他们都事先规定了每行的字数或顿数。这就多少难免以形害义、削足适履。翻译与创作有所不同：后者弹性较大，用固有的体式格律来作并不甚难；而前者的意义容量大体已定，若再用事先规定的体式规格来装箱，势必会遇到过大者则压缩之，不足者则抻长之的勉强情形。我的方法则不同。我不事先规定每行的字数或顿数，而是首先让意义内容自然延伸，来决定字数的多少，然后再加以整顿，使诗行整齐（如果原诗是整齐的话）。诗行一齐（即字数相等），各行顿数自然大致相等（但不必非五顿不可）。实际操作起来，行短者可设法添加虚词衬字（如元曲做法），行长者可设法省减虚字、凝炼措辞（但不可损减意义），使之向占多数的字数相近的诗行看齐；重要的是要做到松而不散，紧而不挤，透气，自然，"仿佛瞬间的灵感"（叶慈语），"天然去雕饰"（李白语）。如果实在做不到整齐，也只好暂时放弃，而不应削足适履。

译自由诗一如译格律诗，除了不必押韵之外，别的方面（例如转行或曰跨行）也许更须讲究。

方法虽简单，但要产生好的效果，还在于译者个人的素养和功力，所谓"运用之妙，存乎一心"。

三、译者的修养

仅有原则和方法并不能保证译文的质量，关键还在于操作者的运用和功力。

鲁迅曾说：写小说未必需要懂什么"小说作法"和"小说法程"之类。同理，做翻译也不一定要研究翻译理论或技巧。现在这类研究多附属于语言学，许多空对空的名词术语、条条框框。翻译理论研究者毫无翻译实践经验者有之，正如文学理论研究者可能从未涉足过创作一样。

有许多作家，从未接受过正规的写作训练，只是从小喜欢阅读；一旦书读得多了，自然就会产生写作的欲望，觉得自己也能写；这实际是人的模仿本能的启发。翻译亦如是，只不过它需要两种以上的语言能力的培养。两种语言的书读多了，也会自然产生翻译的欲望。在香港，译文的稿酬要比创作的高，因为翻译被认为比写作难。这很有道理。因为译者至少要多一种语言的素养。

所以说，译者的语言能力是最重要的。创作者往往会觉得自己以前的作品精彩，这是因为灵感会衰退；翻译者却往往会发现自己以前的译品中的许多错误，这是因为语言修养会提高。译者的语言修养（当然是两种以上）程度是决定译品优劣的最重要因素。一个译者现在能译的东西，十年前可能读都读不懂；十年前译的东西，现在可能会推倒重译。陆游说："汝果欲学诗，工夫在诗外。"翻译的工夫也在翻译（技巧和理论）之外。多读书，提高语言能力和文化修养自然会有助于翻译水平的提高。

其次，是实践经验。俗话说："熟读唐诗三百首，不会做诗也会吟。"多做翻译练习，多修改，自然会熟能生巧。另外，对照原文研读别人的译品不失为增长见识，吸取教训，提高鉴别和批评能力的有效方法。

再其次，才是翻译方法和技巧。其实，只要把握以准确为第一要义的大原则即可。至于具体方法和技巧，通过上述两项修养就可自然获得。当然，如果有明师批改点拨，会少走些弯路，进步会更快些。

有人说，翻译水平的高低归根结底取决于译者的能力。对此，我深有同感。然而，所谓能力不仅仅是经验的积累，还应包括作为后备力量的知识素养，是知识、经验、智力等诸方面的综合。

我认为，文学译者应具备的基本知识包括：

一、汉语方面：熟谙现代汉语和古代汉语（所谓熟谙，指能阅读、分析乃至写作），至少掌握一种方言。应涉猎的专门知识：语法学、音韵学、文字学、文艺学、中国文学史、翻译学等。

二、西文方面（仅以英文为例）：熟谙英语（最好达到听、说、读、写、译五会）。最好略知拉丁语或一门第二外语。应了解的专门知识：词汇学、词源学、文体学、社会语言学、英语史、英美文学史、诗律学、文学理论等。

此外应大量阅读汉、英语文史哲学作品，或者说无书不读，多多益善。

古人云："一事不知，儒者之耻。"这在知识爆炸、学科分化的现代已不可能。但我们不妨取法乎上，以此为理想，努力向"儒者"或文艺复兴式的"完人"境界看齐。简言之，作为一个译者，应具备用两种语言创作的能力，或者更多（还有批评和研究）。

以上是笔者对自己的起码要求，并无意用以绳墨他人。现在英、汉语皆不甚通而敢于和急于发表译作者多矣。彼不自知，孰能禁之？

2002 年 5 月 6 日

（原载《中华读书报》2002 年 6 月 19 日第 24 版）

贴与离：也算一种翻译理论

　　不知始于何时，也许从一开始，翻译就被分为两极，一为直译，一为意译。后世的翻译理论一般都跳不出这二分法，什么形似与神似，异化与归化，都不过是换个角度，换个说法的假名或变相而已，其所指实际是一回事。然而，不仅如此，这些理论的共同之处还在于，它们都只提出了两极，而忽视了中间，以及判定何为直译，何为意译的具体标准。

　　我虽不敏，但在长期的翻译实践中也有所感悟，对经验有所总结，经过不断的修正，现在又斗胆提出自己的一种想法：贴与离。理论有两种，一是出于批评、用于批评的批评理论，一是出于实践、用于实践的实践理论。我的想法算是一种出于实践、用于实践的翻译方法论吧。同样，我无法，也无意跳出传统的二分法，只不过试图在两极之间找到一些可操作的东西而已。

　　贴与离，是从译文出发，相对于原文而言的。举个例子来说吧，现在有个流行的"段子"，把英语"How are you?"和"How old are you?"分别译为"怎么是你？"和"怎么老是你？"这有什么不对呢？实际上，这是古今中外在外语学习和翻译中常用的一种逐字对译的方法，英文叫做"crib"，主要是为初学者和不懂外语者提供方便的。美国人厄内斯特·费诺罗萨听受其两位日本老师森海南和有贺永雄讲解中国古诗时所作的笔记就是如此。中国古代译佛经的第一步也是如此，隋代印度僧人三藏达磨笈多所译《金刚经》就属此例。西方学习和翻译古希腊语、拉丁语文献和"圣经"等也是如此，首先由懂外语的人提供"crib"，然后再由母语较好的人在此基础上加工润色。可以说，这种"crib"是最贴近原文的，却未必是正确的。首先，看词法。"how"可以是"怎么"，也可以是"怎样"或"多么"。根据上下文判断，译"怎么"是选错了词义，而词义选择的正确与否与译者的功力有关。其次，看句法。经过修正措词的译文应该是："怎样是你？"和"多么老是你？"此所谓"词典翻译"，哪怕每个词的义项都选对了，却由于拘泥于原文句式或词序而仍未确切达意。按照汉语语法，正确的语序应该是："你是怎样？"和"你是多么老？"这有点儿像初学汉语的老外讲话，虽然语法正确，中国人却不这么说。所以，再其次，看习惯说法。中国人一般会省略系动词"是"；问年龄时一般不说"老"而说"大"，那么，对应于原文的习惯说法应该是"你怎样？"（或"你好吗？"）和"你多大啦？"最后，若是还要考虑文体，那就得根据语境再做调整，例如，还可以说"别来无恙乎？"或"近况如何？"和"您今年高寿？"或"请问芳龄几何？"等等。

如上所示，译文从紧贴原文开始，逐步远离，直到恰当的位置，其间至少涉及四项标准：词法、句法、习惯说法和文体。措词拘泥于词典（尤其是翻译词典，例如英汉词典，而非纯原文词典）释义、句式照搬原文的偏于贴；句式合乎译入语规范、含义对应其习惯说法的偏于离。所谓直译与意译、异化与归化的分水岭也就应该在此之间。我国某些译者所英译的中国古诗往往令以英语为母语的读者莫名其妙或忍俊不禁，原因主要就在于，尽管译文在词法、句法方面都合乎规则，但人家习惯上不那么说。反过来，习惯说法也会影响到词法和句法甚至文体。熟悉习惯说法者莫过于说母语者。诗人威廉·巴特勒·叶慈就反对印度作家用英语写作，认为除了用母语，任何人都无法带着乐感和活力思维和写作。这也是我不敢轻易从事汉译外的主要原因。

由于文化的差异，不是任何表达都总能在译文中找到对应的习惯说法的。许多时候都需要译者有所创造，这时就需要做到文从字顺，起码在词法和句法上合乎译入语规范。然而，创造也要有限度，不能脱离原文。实际上，翻译中的创造，严格说是一种摹仿，而非凭空的臆造。译文就像风筝，离得再远，也要与原文有关联。不顾原文的任意创造，就像断了线的风筝，就不再是翻译，而是创作了。埃兹拉·庞德根据费诺罗萨的笔记和翟理斯的译文所"译"的中国古诗可以说某些部分已超出了离的极端。

译文与原文在字面上和含义上的相似程度往往不一致。二者可以说时合时分。二者重合的时候较少，容易处理，可以不论；不合的时候较多，就需要调焦。例如，用成语对译成语，属偏于离的手段，往往不免削足适履，难以做到恰如其分，就不妨改变策略，尝试用较贴近字面的译法。一般读者所欢迎的译文往往偏于离，译者摹仿较少而创造较多，这样的译文给读者传达的原文信息反而较少；译者摹仿较多而创造较少的译文偏于贴，却往往能给从事创作的读者以更多不同文化的信息和陌生化灵感。从事新闻工作的诗人黄灿然说，新闻可以意译，诗非直译不可。我赞同他的说法。但这并不等于说，我译诗主张偏于贴或离。理想的翻译当然应该是对焦清晰、不即不离的。

2011 年 11 月 15 日

（原载《文艺报》2011 年 12 月 12 日第 7 版，标题有改动）

怎样译诗：兼评《英诗汉译学》
——2010 年 5 月 14 日在宁波大学演讲

首先，限定一下所讲内容的范围。题目是"怎样译诗"，但由于时间关系，主要讲英语格律诗的汉译问题。希望能够以小见大，触及一些普遍性的道理。

一、诗的格律：音步的格式与顿的格式

一般来说，诗是有节奏的语篇或文本，即用韵文写成的。翻译诗，首先要懂得诗的格律。《英诗汉译学》是我国译界前辈黄杲炘先生的一部专著。我们且从这本书里借用一组现成的例子，来说明英语诗和汉语诗的节奏概念。原文是大家都很熟悉的莎士比亚《十四行诗集》第十八首的前四行：

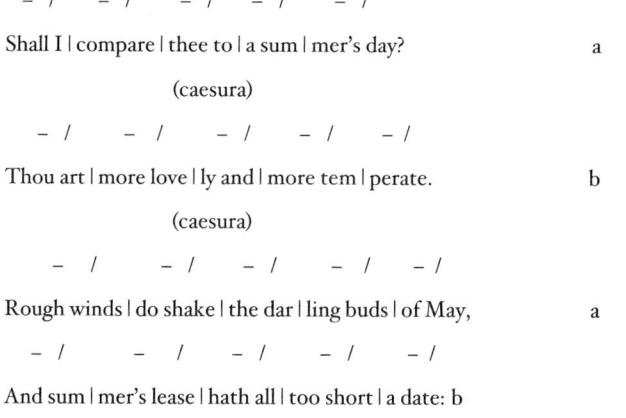

```
 –  /   –  /   –  /   –  /   –  /
Shall I | compare | thee to | a sum | mer's day?          a
                    (caesura)
 –  /    –  /    –  /   –  /   –  /
Thou art | more love | ly and | more tem | perate.        b
                    (caesura)
 –   /    –  /   –  /   –  /   –  /
Rough winds | do shake | the dar | ling buds | of May,    a
 –   /    –  /   –  /    –  /   –  /
And sum | mer's lease | hath all | too short | a date: b
```

英语诗的节奏是由 metre 规定的。metre 也叫 measure，就是度量的意思。一行英诗的 metre 可以分成若干个 foot。foot，有的人译成"音步"，有的

人译成"音尺"。我觉得，虽然现在"音步"更流行一些，但是"音尺"可能更准确一点，因为 foot 和 metre 都是长度单位嘛。音乐里面可以把一个乐句分成若干个小节，一个小节就相当于一个 foot，其时值是固定的，但拍子数量可以是不定的。同样，一个 foot 也可以有若干个音节，数量和性质也可以不定，也就是说，可以有不同的格式。英语里常见的有抑扬格（iambus，或译轻重格）、抑抑扬格（anapaest）、扬抑格（trochee）、扬抑抑格（dactyl）和扬扬格（spondee）等音步格式，但没有一个概括的统称。我姑且名之曰"步格"。一定数量的 foot（一般是步格相同的）就构成某种 metre，其中音步的安排是有规律的。现在 metre 的汉译法五花八门，我觉得都不甚得要领。相对于步格，我姑且把它译成"步式"，即音步安排模式之略。以上这段诗每行都是用五个前轻后重的二音步组成的，这叫 iambic pentametre，即抑扬（轻重）格五音步式。诸如此类对诗的节奏及韵式等所作的人为规定就统称格律。

诗有格律，散文则无。既然原诗是有格律的，那翻译的时候，有人就主张要尽量也翻译成诗，而不是散文。现在较通行的一种译法叫做"以顿代步"。有人认为，用汉语说话不是一个字一个字长短一样地发音，像幼儿园的孩子们那样说"老——师——好——"，而是一个词一个词地说，词与词之间有一定间隔停顿。这样的以词或词组为基本单位形成的语意或语音组就叫做"顿"。现在一般译者所谓的"顿"只略相当于英语中的 foot，尤其在现代汉语诗里，一顿之中既没有轻重或长短音的分别，也不讲究音调的平仄（调式），只是音节的组合而已。所以我们只能以顿的音节数量勉强作为划分顿格的依据，而无法像在英语中那样同时规定其音节性质（音强），例如二字（音）格顿和三字（音）格顿。韵文节奏与散文节奏的区别在于顿的安排有无规律性。韵文有顿式，散文则无。严格地讲，使用韵文节奏的才算格律诗，使用散文节奏或"弹性节奏"（sprung rhythm）的则是散文和自由诗。

以下的译文所用即"以顿代步"法，每行均划分为五顿：

能不能 | 让我 | 来把你 | 比拟作 | 夏日？　　a

你可是 | 更加 | 温和，| 更加 | 可爱：　　b

狂风 | 会吹落 | 五月里 | 开的 | 好花儿，　　　a

夏季的 | 生命 | 又未免 | 结束得 | 太快：　　　b

——屠岸 译（1982）

可以看出，其中三字格顿和二字格顿参差错落，排列并无规律可言。原文却一律是抑扬格二音步式。

还有所谓"字数相等"译法，即译文的字数等于原文的音节数。原文每行十个音节，译文就用十个汉字（即十个汉语音节）来对应：

我怎样 | 能把你 | 比做 | 夏天？　　　　a

你比她 | 更可爱 | 也更 | 温和。　　　　b

五月的 | 娇蕾 | 有暴风 | 震颤，　　　a

夏季的 | 寿命 | 很短 | 就渡过。　　　b

——戴镏龄 译（1978）

以及"字数相应"译法，即原文每行十个音节，但译文每行用了十二个汉字，比原文多出两个音节，但也还是整齐的，所以叫"相应"。

我怎么 | 能够 | 把你 | 来比作 | 夏天？　　　a

你不独 | 比它 | 可爱 | 也比它 | 温婉：　　　b

狂风 | 把五月 | 宠爱的 | 娇蕊 | 作践，　　　a

夏天 | 出赁的 | 期限 | 又未免 | 太短。　　　b

——梁宗岱 译（1981）

黄先生认为以上这三种译法难度都还不够大。他提出更高的标准，要求"兼顾顿数与字数"，即字数和顿数都要整齐。例如以下两种译文，都是每行五顿、十二个字。

我可要 | 将你 | 比作 | 初夏的 | 清辉？　　　a　（32232）

你却 | 焕耀得 | 更可爱, || 也更 | 温婉;　　　b　（23322）

狂风 | 震撼 | 五月天 | 眷宠的 | 嫩蕊,　　　a　（22332）

孟夏的 | 良时 | 便会 | 变得 | 太短暂。　　　b　（32223）

——孙大雨 译（1996）

你说 | 我是否 | 能拿 | 夏天 | 同你比?　　　a　（23223）

夏天 | 可不像 | 你这样 | 可爱 | 温婉;　　　b　（23322）

娇宠的 | 蓓蕾 | 经不起 | 五月 | 风急,　　　a　（32322）

而夏天 | 这季节 | 又是 | 多么 | 短暂。　　　b　（33222）

——黄杲炘 译（2007）

以上四种译法："以顿代步"、"字数相等"、"字数相应"、"兼顾顿数与字数",又都同属于"诗体移植"一类译法。另外还有两种译法:"民族化"译法和"自由化"译法。"民族化"译法就是用译语中的传统格律诗体来译:

怎好 | 将卿 | 比夏天?　　　　　　a

夏天 | 逊尔 | 婉而甜:　　　　　　a

娇蕾 | 五月 | 狂风撼,　　　　　　b

此季 | 为期 | 短可怜!　　　　　　a

——柏丽 译（1984）

以上是七言体。还有一种仿词曲体（既没有词牌也没有曲牌的自度曲式的东西）:

试问, | 或可 | 将君 | 比夏日?　　　　a

君更 | 温婉 | 多丽质;　　　　　　　　a

五月 | 娇蕾, | 难堪 | 无情 | 风急;　　　a

夏日 | 赁期 | 苦短, || 只在 | 瞬时;　　　b

——辜正坤 译（1990）

按照传统诗词格律，一般平仄声字不互押韵。若按现代韵法，则以上两例韵式均为 aaaa。

　　所谓"自由化"译法即每行字数和顿数都与原诗没有对应关系。例如：

我可能 | 把你 | 和夏天 | 相比拟？　　　　　a

你比 | 夏天 | 更可爱 | 更温和：　　　　　　b

狂风 | 会把 | 五月的 | 花苞 | 吹落地　　　　a

夏天 | 也嫌 | 太短促，| 匆匆 | 而过。　　　b

——梁实秋 译（1968）

前两行每行四顿，后两行每行五顿，不整齐；每行字数也不一样多，也不整齐。

　　现在我们来看看他这几种分类是否合理。"以顿代步"只是以每行同样的顿数替代原诗的音步数而已，而字数或音节数可以不一样，各顿的音节（字）数也可以不等，这实际上是"弹性节奏"，更准确的叫法应该是"顿数相等"译法。"字数相等"的戴译，不仅字数相等，顿数也相应，只不过每行是四顿而已，完全有理由算是"兼顾顿数与字数"译法。"字数相应"的梁译每行十二个字、五顿，兼顾了字数和顿数，仅就引用的这四行而言，跟黄译和孙译的"兼顾"译法毫无二致。黄先生之所以把梁译归为"字数相应"译法，理由也许是后面未引的几行顿数有参差。但是，仅就这四行来看，完全就是"兼顾顿数与字数"译法。黄译和孙译的"兼顾"译法也都是每行十二个字、五顿，只兼顾了译文顿数与字数的整齐而已，而没有顾到顿的安排的规律性。也就是说，其顿的安排都是没有规律的，例如孙译的第一行是 32232，第二行是 23322，第三行是 22332，第四行是 32223，这跟原文的每行都是 22222 就有出入了。黄译也有同样的问题。这样看来，所谓"兼顾"译法的节奏只不过相当于自由诗的"弹性节奏"（即每个音步或顿里的音节数是不固定的）而已。这种译法往往只做到了顿数与原文的音步数相等，字数也只是"相应"而已，与原文音节数无关，故与"以顿代步"译法并无本质区别，只可视为以字数的整齐"补偿"原作的格律而已，所以称之为"以顿代步—补偿"译法，或者干脆叫"顿数相等—字数相应"译法才更准确。

再者，黄先生自称他"首创"的这种"兼顾顿数与字数"的译法是"迄今最严格的译诗要求"，恐怕不然。孙大雨的译文不是更早嘛。若论严格，我们或可再极端一些，试试能否更进一步，不仅兼顾顿数与字数，而且兼顾顿式。

可否｜把你｜比作｜夏季｜一天？	a	（22222）
你是｜人更｜美妙｜心更｜美好。	b	（22222）
阵风｜会把｜五月｜娇蕾｜摇撼，	a	（22222）
夏季｜租期｜也嫌｜时日｜太少。	b	（22222）

——傅浩 译（2010）

以上译文每行都是十个字（音节）、五个二字（音）顿，与原诗格律完全对等。第二行原文"lovely"和"temperate"分别暗示外貌和性情的可爱，所以译文稍加了一点诠释之词。如果我们觉得它的节奏俗，有卞之琳先生所谓"哼唱型节奏（吟调）"之嫌，也不妨稍微放松一下，给每行多加一个字，使之略显"参差"：

可否｜把你｜比作｜夏季的｜一日？	a	（22232）
你竟是｜更加｜明媚｜更加｜温和。	b	（32222）
阵风｜粗暴｜摇撼｜五月的｜娇蕾，	a	（22232）
夏季的｜租期｜拥有｜时日｜无多。	b	（32222）

——傅浩 译（2010）

这个译文为什么也给人以形式整齐、节奏规律的感觉呢？因为一、三行的顿的安排即顿式是一样的，都是22232；二、四则都是32222。也就是说，相互押韵的奇数行和偶数行的节奏是相互对位呼应的。就像音乐的旋律一样，节奏是要靠顿与顿之间、行与行之间的呼应或周期性的复现才得以体现的。

值得一提的是,这里对第二行又做了不同的处理。原文"lovely"和"temperate"兼可形容天气之美和女人之美,所以译文用"明媚"和"温和"来对译,也同样是双关效果。而前引的译文有些就只顾到形容人,而没有顾到天气。另外,"a summer's day"不是译作"夏天",就是译作"夏日",与原文意思还是有些出入的。前面说过,顿安排有规律重复的,才是韵文。而前引译文大都看似整齐,其实是散文或自由诗的节奏,并不是韵文的节奏,因为其顿的安排是没有规律的。

其实,传统诗都是兼顾了字数、顿数和顿式的。这就是为什么传统诗读起来琅琅上口的原因。上引柏丽译文是每行七个字(音)、三顿,顿式是223。所以,所谓"民族化"译法就可以说比"兼顾"法更整齐,是兼顾了字数、顿数和顿式的译法。再看所谓"自由化"译法。上引梁实秋译文,其实也并不完全"自由"。前两行是每行四顿,后两行是每行五顿,可见译者也是用了心思,有意识努力想让每行字数或顿数接近,而且模拟了原诗韵式。只不过由于能力不逮,或别的什么原因,未能成功做到整齐如算子而已。

我觉得,黄先生的分类法一是分类欠精确,一是命名欠科学。例如"民族化"这个提法就不是很好。"民族"是社会—政治学或人类学的一个术语,用在翻译学里不是很合适。还有一个缺点是举例欠恰当。例如梁宗岱译文的前四句完全可以看作是"兼顾顿数与字数"译法,而不仅仅是"字数相应"译法。

那么,真正应模拟而且可比拟的东西是什么呢?我认为,不是不同语言各自外在的特点,而是内在共有的规律性的东西。模拟应当是平行对应内在的规律(理),而不是机械照搬外的特点(事)。理可相通,事有不同。可比拟的内在共有的规律性的东西是什么呢?即格律诗每行是整齐的(音节数相同),最小节奏单位(音步或顿)的安排是有规律性的。至于说具体每行多少个字或音节,那只是外在的特点,并无关紧要,重要的是要根据译文每行的容量来加减。斤斤于数顿数与字的"兼顾"法的要求恰恰印证了这一点。它实际上只做到了顿数相等、字数相应,并非严格意义上的"兼顾"。我循着它的思路更推进一步的做法旨在说明,它并不是"最严格的译诗要求";我还可以做到更整齐。但我并不以之为唯一的译法,也不要求人人都按照同样的标准来译。

我们再举一个例子来强调说明韵文节奏与散文节奏的不同。还是从《英诗汉译学》中借用的例子——H. W. Longfellow 的"A Psalm of Life"的前四行：

```
 / -    / -   / -   / -
Tell me | not in | mournful | numbers,        a
 / -    / -  / -    /
Life is | but an | empty | dream!             b
  / -   / -   / -     / -
For the | soul is | dead that | slumbers,     a
  - /   - /   / -    /
And things | are not | what they | seem.      b
```

别对我 | 唱那种 | 悲切的 | 诗　　　a（3331）
说人生 | 不过是 | 虚幻的 | 梦!　　 b（3331）
因为 | 昏睡的 | 灵魂 | 无异死，　　a（2323）
而事物 | 与表象 | 并不 | 相同。　　b（3322）

　　　　　　　　　　　　　　　——黄杲炘 译

原文的基本节奏是扬抑（重轻）格四音步式。偶数行最后一个音步少一个音节，可以看做是一个空拍。末行前两步是抑扬（轻重）格，属于拗变（variation）。整体还是很整齐的。黄译每行都是四顿、十个字。前两行顿式是一样的，都是3331，可能是偶然的，因为后两行是不同的，分别是2323和3322。可见，后两行不是韵文节奏，因为它们没有规律，也没有呼应。我也试译了一下：

不要 | 对我 | 悲伤 | 吟唱：　　　a（2222）
"人生 | 不过 | 一场 | 梦!"　　　 b（2221）
灵魂 | 昏睡 | 无异 | 死亡，　　　a（2222）
表象 | 实质 | 并不 | 同。　　　　b（2221）

可以看出，译文中奇数行和偶数行是有规律相对应的。而且，偶数行最后一个一字（单音）顿对应原诗的单音步，可谓与原文亦步亦趋，同属韵文节奏。下面再看一位名叫威妥玛的外国传教士的译文：

勿以 | 忧诗言	a（23）
人生 | 若虚梦	b（23）
性灵睡 | 即与死 | 无异	c（332）
不仅 | 形骸 | 尚有 | 灵在	c（2222）

前两行勉强符合中国传统诗的格律，但后两行完全是散文节奏，332 和 2222，毫无规律和呼应可言，各行也不押韵（后两行当属偶然）。与前引黄译并无本质区别，只不过黄译后两行更整齐而已。若说威译的节奏完全是散文节奏，那么黄译的充其量只是自由诗常用的"弹性节奏"。一位叫董恂的中国人把威妥玛的译文改写成七言诗：

莫将 | 烦恼 | 著诗篇	a（223）
百岁 | 原如 | 一觉眠	a（223）
梦短 | 梦长 | 同是梦	b（223）
独留 | 真气 | 满坤乾	a（223）

每行都是 223，这就完全符合传统七言近体诗的格律了。

无论是在汉语还是在外语中，韵文节奏都意味着每行（句）音步或顿的安排是有规律的，而且相应行的音步或顿是对位呼应的，这样才能形成规律性的复现。散文节奏则是杂乱无序的。至于行与行之间的对位呼应形成的规律性复现，我们不妨再进一步举例说明。英诗中抑扬格五音步式（iambic pentametre）或别的格律大都每行顿式相同，行行呼应，反而不易令人注意到其呼应效果。而古希腊诗中的萨福体（Sapphic），每行步格不同的音步参差排列，不是一律用一种音步，但行与行之间的音步安排是相互呼应的。

   / –   / / / – –   / –   / –

Then to | me so | lying a | wake a | vision

   / –   / /   / – –   / –   / –

Came with | out sleep | over the | seas and | touched me,

 / –   /   / /   – – / – / –

Softly | touched mine | eyelids and | lips; and | I too,

   / – –   / –

Full of the | vision.

——A. C. Swinbourne

前三行都是长短 | 长长 | 长短短 | 长短 | 长短（或重轻 | 重重 | 重轻轻 | 重轻 | 重轻）。虽然一行之中的音步排列没有规律，但是经过连续三行的复现就形成了呼应，有了规律，就成了韵文。在实际创作中，我们大可以在抑扬格五音步（iambic pentametre）的格律框架之中把某个音步的音节排列格式调换一下，比如说把轻重格换成重轻格或重重格，这叫拗变（variation），是可以允许的。但是一般不可以随便改变音步的音节数，若把某行中某个二音节音步变成三音节音步，那就不叫抑扬格五音步（iambic pentametre）了，因为那破坏了与其他行的对位呼应。由上例可见，行间对位在不同格音步参差排列的诗行中更容易看得清楚。在现代汉语中，韵文的平仄格式已不再讲究，字（音节）数在顿格的区分问题上就显得更加重要了。我们可以借用飞白先生《诗律学》里所引的一首甘肃"花儿"为例，说明汉语中可比拟的情况。

青石头	栏杆	玉石头	桥，	a （3231）
蓝石头	底里的	牡丹；	b （332）
生下的	俊来	长下的	好，	a （3231）
还说是	阿哥的	眼馋。	B （332）

它的奇数行是一种顿式，偶数行是另一种顿式，交相呼应，参差中有整齐，也同样形成了韵文节奏。如果它不讲究这个规律的话，念起来就不上口，就不是韵文了，就成了散文了。韵文与散文的节奏区别就在于顿的安排有无规律。严格地讲，使用韵文节奏的才算是格律诗，而使用散文节奏或者是"弹性节奏"的是自由诗。这样看来，黄先生所谓的"兼顾"译法本质上也只能算是一种准"自由化"译法，因为从诗的最根本的节奏模式来看，它还是自由诗，而不是格律诗。

二、译诗的几种方法——我的分类

正所谓不破不立，有破亦须有立。我们刚才已指出，黄先生对译诗的分类颇有不合理之处。下面我就提出我的分类法。

译诗法的分类，可以分别从几个方面讲。一个是声律方面。黄先生的着眼点就仅限于声律方面。声律方面我们只需分三大类。第一类是"自由"译法，即完全不顾原诗的形式。这底下可以细分为两种，一种是逐行式自由译法。其结果是自由诗或分行的散文。另一种是逐句式自由译法。结果是不分行的散文，跟原诗的格律形式毫无关系。第二类，我们称之为"置换"译法，就是用译语里现成的传统诗体来置换原诗的诗体形式，这相当于黄先生所谓的"民族化"译法。第三类叫"模拟"译法，即依样模拟原诗的形式。这底下又可分成若干种：其一是"顿数整齐"式，略相当于"以顿代步"法。但我们只提出译文自身顿数整齐，并不要求与原文音步数相等。其二是"音节数整齐"式，略相当于"字数相应"法，即每行用同样的音节数，但不必等于原文音节数。其三是"顿数与音节数均齐"式，相当于黄先生的"兼顾"译法，但不要求顿数与原诗音步数相等。其四是"音节数、顿数均齐兼顿式有序"式，就是我刚才尝试的译法。在声律方面，大体分为这三类就够了。所谓"以顿代步"、"字数相等"、"字数相应"和"兼顾顿数和字数"译法，黄先生把它们分成了独立的四类，其实只是五十步和百步的区别，并无质的区别。

此外，还可以从修辞方面分类。修辞方面我们分成两类，一类是"表层"译法，一类是"深层"译法。诗是讲究修辞、富有形象的语篇（figurative discourse）。也就是说，话不直说，言此而意彼，一般都有不止一层意思。表层结构（事）与深层意蕴（理），犹如血肉之于筋骨。也可以说，诗即暗喻。不破坏表层结构，即保留原喻体，把喻旨留给读者去领会，是为"表层"译法；破坏原喻体，挖掘其中喻旨，以抽象的理（概念）代替具体的事（物、象），或以其他的事代替原文的事，是为"深层"译法。深层译法又可细分为"意象剥离"和"意象置换"两种。"表层"译法略相当于过去所谓的"直译"或"字译"，或者许渊冲先生所谓的"等化"。"深层"译法略相当于"意译"或"曲译"。"意象剥离"相当于许先生所谓的"浅化"，即原诗有意象，译文不用意象，而用一种抽象的诠释把其中含义译出来；"意象置换"则相当于他所谓的"深化"，即另用一种意象来替换原诗的意象。

还可以从句法方面分，重点在于如何处理句法（syntax）与行法（lineation）的关系。可以分成"逐句"译法（以句子为单位，不理会原诗分行，在译文中重新分行）和"逐行"译法（依照原诗的行为单位译出，再重新调整行句关系）。

从风格方面可略分为"拉近"译法和"推远"译法。拉近译法：时间上贴近译者当代日常用语，平行对应源语的当代风格，类似空间上的所谓"归化"；推远译法：时间上揣摩源语当代读者对原作的观感，在译语中有意模拟类似的距离感，如用古语（archaism）译古旧作品，类似空间上的所谓"异化"。像前面的"民族化"译法就是"推远"译法。莎士比亚的诗对于源语现代读者是有距离感的，中国传统格律诗对译语读者也是有距离感的。"拉近"译法则不管是什么时代的，哪怕是荷马史诗，我们也要用现代读者接受的现代口语来译，译文是为当代读者服务的。如我们的《诗经》也是当时的口语，译者就应当揣摩当时的人说口语的感觉，而以自己时代的口语平行模拟之。

三、表层与深层译法举隅

由于时间关系，我只详细地讲一下修辞方面的译法。我们先来看一个例子：

I ne | ver lost | as much | but twice,　　　　　a

And that | was in | the sod.　　　　　　　　b

Twice have | I stood | a beg | gar[1]　　　　c

Before | the door | of God!　　　　　　　　b

Angels | —twice des | cending　　　　　　d

Reimbursed | my store—　　　　　　　　e

Burglar! | Banker | —Father!　　　　　　f

I am poor | once more!　　　　　　　　　e

　　　　　　　　　　　——Emily Dickinson

　　这首诗是什么意思呢？从表层上看，是说"我"做生意亏损了。像这么大的损失，以前也有过两次，而且损失都埋在土里面了。"我"一无所有了，就去向上帝（神）乞求经济援助。上帝答应了"我"的请求，两次派天使下凡，来给"我"开的小店理赔或贷款。"我"现在又一次破产了，不得不再度向上帝求援。这次，乞求声中不免流露出一些怨恨之情。"Burglar"，"Banker"，"Father"都是"我"对上帝的称呼。上帝既是窃贼，又是银行家（可能兼营保险业），掌握着生杀与夺的大权。如此而已吗？显然不是。上帝并不真是银行家或窃贼。这只是比喻。那么比喻之下深层的意思是什么呢？其实，这整首诗就是一个暗喻，拿做生意赔本来比喻丧亲之痛。"我"每次丧失至爱亲朋，就寻求上帝的安慰。但也正是上帝褫夺了我的亲人。这个呼语

1　黄杲炘先生认为此处我把"行末一个轻音节 gar 划成了音步"是"违背了音步划分的基本常识"（《也谈怎样译诗——兼答傅浩先生》，《东方翻译》2011 年第 5 期），并质问"有这样分析音步的诗律学吗？"在此我可以肯定地回答说："有！" Laurence Perrine 与 Thomas R. Arp 合著的 *Sound and Sense: An Introduction to Poetry* 第八版（Harcourt Brace, 1992）第 193 页分析的 W. B. Yeats 诗 "Down by the Salley Gardens" 即如此："Down by | the sal | ley gar | dens x | my love | and I | did meet. |"这是谣曲诗节的两行连排。第一行末 "dens" 是轻读音节，后面实际有一空拍（用 "x" 表示），而空拍通常被视为不发声的重读音节。Yeats 诗其余各行均是如此。而上引 Emily Dickinson 诗第三行也是同样道理。

"Burglar"就是对上帝的控诉，相当于"You Burglar！"（"你这个盗贼！"）。就像我们的传统所说的，人死了是被老天爷收走了，西方人也乐于相信，亲人死了，是上天堂了，到上帝那里去了。上帝同时又是个"Banker"，能给我以精神和情感的抚慰。

我们应该怎么译呢？是把表层的意思译出来，让读者自己去领会深层意蕴呢？还是撇开表层的意思，而把深层的意思翻腾出来呢？我的原则是：以表层译法为常规（norm），以深层法为偏离（deviation，无论"深化"或"浅化"）。偏离就意味着有所诠释（paraphrase），有更多译者主观的东西在里头，也有所选择，可能只译了原意的某一部分、某一方面。我觉得深层的译法要慎用，不得已才为之。下面来看我用表层译法译出的译文：

这么大｜损失｜只有过｜两回，	a
所有｜全都｜入了土。	b　(223)
两回，｜我站在｜神的｜门口	c
一如｜乞丐｜去求助！	b　(223)
天使，｜降临过｜两回	d
给小店｜送赔款——	e　(33)
窃贼！｜银行家——｜天父啊！	f
我如今｜又破产！	e　(33)

——傅浩　译

韵式仿照原诗，顿数跟原文一样：第一行四顿，第二行三顿，第三行也是四顿，第四行也是三顿，第五行三顿，第六行两顿，第七行又是三顿，第八行又是两顿。偶数行押韵，顿式相互呼应，即223和223，33和33，这样念起来也是有一定规律的。我们再看深层译法：

　　我两度遭到浩劫，

　　被黄土埋掉至爱；

两度被沦为乞丐，

站立在上帝门外。

幸天使两度降临，

抚慰我惨痛的心；

强盗又到！慷慨的天父啊，

又一次我落入苦境！

——佚名 译

　　这位译者把"lost"译成"浩劫"。浩劫就不仅仅是个人经济损失，而是天灾人祸之类的集体大事了，这就有点儿偏离原意了。"被黄土埋掉至爱"是把深层的意思挖掘显露出来了。原文并没有可对应的"至爱"一词。我们用"入了土"一语来暗示人死入土为安就足够了，而这个译文就把读者的想象空间给剥夺了。"两度被沦为乞丐，"有点儿语病。"沦为"是不及物动词，不能用被动态，"两度沦为乞丐"就可以了。"站立在上帝门外。"这没错。"幸天使两度降临，/ 抚慰我惨痛的心；"完全把开店和赔款的意象给抛弃了，与原文无法对应。原诗是一个扩大了的暗喻（enlarged metaphor），各个意象都是互相呼应的。"损失"、"小店"、"赔款"、"银行家"、"窃贼"、"破产"等构成是一个统一场景，具有一致性。这位译者不止一次以自己的解释替代了原诗意象，就破坏了这种一致性。"强盗又到！慷慨的天父啊"，这是把"强盗"和"天父"当成两回事。诗一般都讲究呼应，不会前面没有铺垫，突然又冒出一个新东西来。原文"Burglar"实即指前文提到过的"God"，而且，此词的确切含义是入室行窃的窃贼，与"my store"有关。译为（打劫的）"强盗"不仅不正确，也与语境无关。这个"强盗"来得太突然。"Banker"译为"慷慨的"，又丢失了一个具体意象，而抽象化了。"又一次我落入苦境"，"苦境"又是一般化了，"苦境"有种种的"苦境"，到底是哪种呢？其实"I am poor again"，意谓"我"又遭窃了，损失了，变穷了，很具体。这个译文把原诗的比喻整个儿破坏了。译者基本上用自己的抽象诠释替代了原诗的具体意象。他的理解有错吗？也可以说没有大错。但是他把诗的"血肉"

解剖掉了，把"筋骨"暴露出来了，这就错了。

下面再看 W. B. Yeats 的一首诗：

When You Are Old

When you are old and grey and full of sleep,

And nodding by the fire, take down this book,

And slowly read, and dream of the soft look

Your eyes had once, and of their shadows deep;

How many loved your moments of glad grace,

And loved your beauty with love false or true,

But one man loved the pilgrim soul in you,

And loved the sorrows of your changing face;

And bending down beside the glowing bars,

Murmur, a little sadly, how Love fled

And paced upon the mountains overhead

And hid his face amid a crowd of stars.

——W. B. Yeats

当你年迈时

当你年迈，鬓衰，睡意沉沉，

火旁打盹之时，取下这本书，

慢慢诵读，梦忆从前你双眸

神色柔和，眼波中倒影深深；

多少人爱你风韵妩媚的时光，

爱你的美丽出自假意或真情，

而惟有一人爱你灵魂的至诚，

爱你渐衰的脸上愁苦的风霜；

然后弓着身子在炽红的炉边，

忧伤地低诉：爱神如何逃走，

在头顶之上群山巅信步漫游，

把他的面孔隐没在繁星中间。

——傅浩 译

我最初译此诗是在上大三的时候。上面的译文已经过无数次修改，这次来讲座之前又做了一次修改。我译诗往往纯以神行，不拘小节，对于形式犹如洗扑克牌一样，整顿整齐而已，只求各行均齐，而无论字数多寡。与声效相校，我更偏好视觉的整齐。我的"秘诀"是，只注意诗行字数的整齐，字数一整齐，顿数也就大致整齐了。我认为标点符号应占一个音节，算一空拍，所以有时字数或顿数的统计难免与别人的数法有出入，但印刷效果还是整齐的。实际上，我的译诗并非完全自由，而是以模拟为主的。严格的模拟"非不能也，是不为也"，因为我觉得气韵生动更为重要，不主张过分以形害神。这首诗以表层译法为主，唯有第七行"灵魂的至诚"一语是意象剥离式的深层译法。原诗意象是"the pilgrim soul in you"，表层意思是"你体内的朝圣者的灵魂"。这对于汉语读者来说就比较费解了，那么我就试图抓住其中一个主要涵义——"至诚"，即从原诗具体的意象中抽出一个概念，既为了简洁，又为了凑韵。第八行"风霜"一语可以说是添加的一个蛇足，也可以说是意象置换式的深层译法，因为原诗是没有这个意象的。原诗是"the sorrows of your changing face"——"你正在改变的面容上的一些忧伤"。我觉得，原诗"sorrows"这个词一来抽象，二来译成汉语字数不够，就另外加了一个"风霜"，取自汉语"饱经风霜"这一成语。似乎意蕴并没有增多，只是多了一个具体的意象，而且符合汉语的习惯。如果说"爱你渐衰的脸上众多的愁苦"，就没有原文那么美了，就有所欠缺了。全诗仅有这两处用的是深层译法，其余部分都用的是表层译法。我觉得这样的结合是较合理或成功的。

四、结束语

例子就讲到这儿，最后我们还是回到副标题上，再说说《英诗汉译学》。这本书是 2007 年问世的，我是 2009 年才读到的，没来得及专门写一个书评，因为书评是重时效性的，只好借这个机会谈谈我的看法。此书总结了英诗汉译方法的一个方面，即声律的处理问题，提倡一种较严格的模拟原诗形式的译法，的确具有一种树立标杆的作用。但此书更像是一篇长篇论文，始终只讨论了一个问题，即声律问题，而且通篇似乎都是在为作者所倡译法作辩护或宣传。举例繁多，而理论不足。至于译诗的其他重要方面，如修辞、句法、风格等，都少有涉及。下篇"汉译英诗格律简谱"全无必要。其实只要把规律性的东西总结出来就够了，何必举那么多的例子。所以此书之名为"学"，不免稍嫌大而无当，不如题为"英诗汉译声律论"，才庶几名副其实。最重要的是，如前所论，作者仅提出兼顾顿数与字数，但没有考虑到顿格顿式，所以他所提倡的格律诗译法还不完善，或者说还不够难。

南北朝时期的沈约提出"四声八病"说，"以为在昔词人，累千载而不寤"时，大多数时人并不认可，直到百年以后的唐代才发展出严格讲究平仄格律的近体诗；1931 年朱光潜写出《诗论》（1943 年发表），辟专章论"顿"时，"顿"的"重要从前人似很少注意过"，直到现在，"以顿代步"的方法才逐渐被少数译诗行家所认可，被应用到诗歌翻译及创作中；1989 年我写出《新诗格律建设之我见》（1991 年发表），提出"顿格"（只不过当时兼指格、式，二者未进一步细分）及相关概念时，顿格和顿式的重要性可能极少人注意到，至今似乎仍极少有人在诗歌翻译或创作实践中自觉运用。不讲究顿格和顿式，就不能算真正的格律诗，而只能是自由诗甚至散文的节奏。看来，新诗格律的成熟还有很长的路要走。

（朱秀芳根据录音整理；傅浩校订）

参考文献

[1] 卞之琳，人与诗：忆旧说新 [M]，三联书店，1984 年。

[2] 海岸（选编），中西诗歌翻译百年论集 [C]，上海：上海外语教育出版社，
2007。

[3] 黄杲炘，英诗汉译学 [M]，上海：上海外语教育出版社，2007。

[4] 朱光潜，朱光潜美学文集 [C]，第二卷，上海：上海文艺出版社，1982。

（原载《东方翻译》2011 年第 1 期，有删节）

译诗如歌：再谈怎样译诗
——2011 年 12 月 23 日在上海大学新千年
外国文学热点问题研讨会上的发言

  我曾在《东方翻译》双月刊 2011 年第 1 期上发表《怎样译诗：兼评〈英诗汉译学〉》一文，谈论我的译诗方法以及对黄杲炘先生所谓"兼顾字数与顿数"译法的看法。时隔一年多，我对译诗又有了进一步的心得，愿公诸同道，遂笔之如下。

  自 2010 年 9 月以来，我有幸同黄宝生、郭良鋆和葛维钧诸先生学习梵语，因而得窥印度古典诗学。梵语诗不仅格律精严，而且配有曲调，上百种步式（metre）都有各自不同的固定配合的唱诵调，在有学问的婆罗门中间自古口耳相传至今。据说，我国的近体诗（律诗）从格律形式到吟诵方式都曾受到梵语诗的影响。[1] 2011 年八月间，我参加了在江西宝峰禅寺举办的国际梵文经典读诵与研习结夏安居营，从尼泊尔梵语大学佛学研究系主任 Kashinath Nyaupane 教授学习梵语诗的传统唱诵法，亲自体会到梵语古典诗体与我国近体诗格律的亲缘关系。

  兹举印度诗人马鸣（一至二世纪）所作《佛所行赞》第八颂为例，再度说明我所谓"模拟"译法中的"音节数、顿数均齐兼顾顿式有序"式的可行性。梵语原文如下：

तस्मन्निवने शरीमता राजपत्नी
 परसूतिकालं समवेक्षमाणा।
शय्यां वितानोपहतिं परपेदे
 नारीसहस्रैरभिनिन्द्यमाना॥८॥

---

[1] 参见梅维恒（Victor. H. Mair）与梅祖麟合作的论文《近体诗格律的梵语来源》，《哈佛亚洲学刊》卷 51，1991 年第 2 期。

为了便于说明原诗格律，用拉丁文字母转写并分析如下：

Tasminva- | ne śrī ∧ ma- | ti rāja | pat- | nī   33311

 prasūti | kālam∧sa- | mavekṣa | mā- | nā| 33311

 śayyām vi- | tāno∧pa | hitām pra- | pe- | de   33311

 nārīsa- | hasrai∧ra- | bhinandya | mā- | nā ‖(8) 33311

此颂所用体式名为"出生式"（upjāti），基本步式是"高举因陀罗金刚杵式"（upendravajrā），每句（pāda）十一音，分为 ja 格（短长短）、ta 格（长长短）、ja 格（短长短）、ga 格（长）、ga 格（长）五个音步（末两个音节又可合作一个音步）；第一句和四句略有拗变，前者倒数第二音为 la 格（短），而后者前两个音步步格互换。可以看出，作为格律单位的音步与作为语义单位的词的分界线并不一定重合。另外，由于唱诵的需要，每句在固定位置（必为长音之后）都有一个句中停顿（yati，以上用 ∧ 表示），把一句分为前五后六音两部分，而这作为音乐节奏手段的句中停顿的位置又不一定与音步的分界线重合。

汉语的语义单位与格律单位则往往重合。或者说，汉语的格律单位主要是依据语义单位来划分的，也许因为其语音的长短和轻重区别甚微，难以为据吧。由于是拼音文字，梵语词长短不一，音节数相等的一句之中意义的含量不尽相等。作为表意文字，汉语词的音义数量却大致相当。与梵语相较，音节数同等的情况下，汉语的意义容量要大得多。请看以下汉译：

  尔时 | 摩耶 | 后   221

  自知 | 产时 | 至   221

  偃寝 | 安胜 | 床   221

  百千 | 婇女 | 侍   221

       ——昙无谶　译（五世纪）

原诗每句十一音所蕴含的意义，译诗每句只用五音就足以表达，虽然有些内容可能因与上文重复而未完全译出。既然语义已足，何必再多加音节？古人早就明白，在音节数上与原诗搞对等是没有道理的。那么，节奏也要依译诗的语义来重新厘定，而不能照搬原诗的格式。从以上分析可看出，原诗每句步式是33311；译诗顿式则是221。由于原诗与译诗每句音步数和音节数（主要是音节数）相差悬殊，所以也不可能用原诗所配的曲调来唱诵译诗。因此，古人又相应发展出汉语的吟诵法。在形式上，黄杲炘先生所谓"民族化"的这种译法完全符合我所谓的"音节数、顿数均齐兼顾顿式有序"式的要求，只不过其中"归化"的成分多些罢了。而只在音节数和音步数上与原诗搞对等就是"异化"，本来没有更多的道理，只不过是一种炫技而已。当然，在做得到的情况下，也不妨一试，而且应该做到"兼顾顿式有序"，乃至可以配合原诗曲调唱诵才好。请再看以下汉译：

在那个 | 吉祥的 | 园林中，　　　　　　　333

王后 | 眼看 | 分娩 | 时刻 | 来临，　　　　22222

走向 | 挂有 | 帐幔的 | 床榻，　　　　　　2232

数以 | 千计 | 妇女 | 欢欣 | 鼓舞。　　　　22222

　　　　　　　　　　　　　　——黄宝生 译（2009）

此译采用现代汉语，意义上较贴近原诗，所用音节（字）数也较接近原诗，但从格律分析看来，此译各行（句）音节数、顿数不均齐，顿式无序，属于黄杲炘先生所谓的"自由化"译法，所以，朗诵起来还不是很上口。我据之改译如下：

在那座 | 荣幸的 | 园林中，| 眼看　　　　3332

即将是 | 生产的 | 好时辰，| 王后　　　　3332

躺倒在 | 张挂着 | 幔帐的 | 床上，　　　　3332

接受着 | 成千的 | 宫女的 | 祝福。　　　　3332

可见，拙译不仅自身音节数、顿数均齐，顿式有序，而且与原诗音节数、顿数相等，顿式相同。除此之外，每行第五音均为重读的实词，而第六音均为发轻声的虚词，相当于原诗唱诵时在第五音（长音）后停顿，而第六音必为短音的安排。因此，拙译还可以按原诗所配曲调 [1] 唱诵。

然而，由于拘泥于原诗句式，拙译中有两处跨行。这在唱诵时就未免不自然，令听者费解。于是我又修改如下：

正是 | 在那座 | 荣幸的 | 园林中，	2333
眼看 | 即将是 | 生产的 | 时刻，	2332
王后 | 躺倒在 | 挂幔帐 | 的床上，	2333
受到 | 上千个 | 宫女的 | 祝贺。	2332

　　奇数行改为 2333，与原诗格律（步式）有所偏离，但与原曲前五后六的节拍相合；偶数行末顿各减少一音节，是因为语义的关系所作的调整，唱诵时只需稍稍拖长倒数第二音节即可，对节奏影响不大，而且第二、四两行对

1　此曲调得自尼泊尔梵语大学佛学研究系主任 Kashinath Nyaupane 教授口传，由吾子中甯记谱，同事杨卫东、李征加工修订。我不懂音乐，在此谨一并向各位致谢。

位呼应，既有变化又显整齐。更重要的是，此译消除了跨行，唱诵起来更上口易懂。

　　除梵语之外，世界上许多语言文化中都有悠久的吟诵和唱诵诗歌的传统。同样，英语格律诗一般也可以配曲唱诵，尽管不都像梵语诗那样有固定的唱法。例如爱尔兰诗人威廉·巴特勒·叶慈（William Butler Yeats，1865 — 1939）的这首名诗：

Down by the Salley Gardens

Down by | the sal- | ley gar- | dens ∧ | my love | and I | did meet;　　221 222

She passed | the sal- | ley gar- | dens ∧ | with lit- | tle snow- | white feet.　2221 222

She bid | me take | love eas- | y, ∧ | as the leaves | grow on | the tree;　　2221 322

But I, | being young | and fool- | ish, ∧ | with her | would not | agree.　　2221 222

In a | field by | the ri- | ver ∧ | my love | and I | did stand,　　2221 222

And on | my lea- | ning should- | er ∧ | she laid | her snow- | white hand.2221 222

She bid | me take | life eas- | y, ∧ | as the grass | grows on | the weirs;　　2221 322

But I | was young | and fool- | ish, ∧ | and now | am full | of tears.　　2221 222

由于在汉译中可模拟的只是音节数、音步数以及步式，音步之中音的轻重（步格）可以忽略不计，在此就不用传统的英语诗格律分析法，而仍采用我自创的分析法。从以上分析可见，各行音步数均齐，都是七音步，但音节数略有不同（第三、七行各多一个音节）；步式虽不尽同，但在两节中对位呼应（第一、二、四、五、六、八行相同，三、七行相同）；行中停顿全都位于第四、五音步之间，与音步的分界线重合。所以，此诗格式堪称严整。我较早的译本如下：

在柳园下边

我的 | 爱人 | 和我 | 确曾∧ | 相会 | 在柳园 | 下边；　　2222 232

她那 | 一双 | 雪白的 | 小脚∧ | 款款 | 走过 | 柳园。　　2232 222

她让我 | 从容 | 看待 | 爱情，∧ | 如树头 | 生绿叶，　　3222 33

可我，| 年少 | 无知，∧ | 不愿 | 听从 | 她的 | 劝诫。　　222 2222

我的 | 爱人 | 和我 | 确曾∧ | 伫立 | 在河畔 | 田间；　　2222 232

她那只 | 雪白的 | 小手∧ | 搭着我 | 斜倚的 | 肩。　　332 331

她让我 | 从容 | 看待 | 人生，∧ | 如堰上 | 长青草，　　3222 33

可我，| 那时 | 年少 | 无知，∧ | 如今 | 悔泪 | 滔滔。　　2222 222

——傅浩 译（1994）

分析之下可见，第一、五行，三、七行，四、八行顿式分别互相呼应；唯有第二、六行顿式不相应，但这两行音节数相等。行中停顿则无规律。当时更看重译诗的"建筑美"，译后也未细加分析，感觉大致整齐而已。虽然也并非完全随意而译，但以黄杲炘先生的标准来衡量，仍属"自由化"译法。公允地说，黄先生所谓的"兼顾字数与顿数"译法虽不尽合理，也不够完善，但不失为衡量模拟译法的一种较严格的标准。再请看我去年所作的改译：

经柳园而下

我的爱 | 与我 | 曾经∧ | 相会在 | 柳园的 | 下边；　　322 332

挪动着 | 一双 | 雪白的 | 小脚，∧ | 她走过 | 柳园。　　3232 32

她让我 | 从容 | 看待 | 爱情，∧ | 如枝头 | 生绿叶，　　3222 33

可是我，| 年少 | 又无知，∧ | 不听从 | 她的 | 劝诫。　　323 322

我的爱 | 与我 | 曾经∧ | 站立在 | 河畔 | 田野间；　　322 323

把一只 | 雪白的 | 小手，∧ | 她搭在 | 我的 | 溜肩。　　332 322

她让我 | 从容 | 看待 | 人生，∧ | 如堰上 | 长青草，　　　3222 33

可是我，| 年少 | 又无知，∧ | 到如今 | 悔泪 | 滔滔。　　　323 322

——傅浩 改译（2010）

各行均为六顿十五个音节，与原诗音步数相同而音节数不同，完全合乎黄杲
炘先生的"兼顾字数与顿数"译法的标准。然而，以我的"音节数、顿数均
齐兼顾顿式有序"式译法的标准来衡量，此译还不够好，因为只有第三、七
行，四、八行顿式分别相呼应，第一、五行，二、六行顿式却不相应；行中
停顿也无规律可言。如果配合原诗曲调来唱诵，效果必然不佳，因为配曲时，
音节数可能更显重要；乐句固定时，音节的多少会影响到拍子的性质。再请
看我最近所作的改译：

经柳园而下

经过 | 那柳 | 园而 | 下，∧ | 爱人 | 和我 | 相见；　　　2221 222

她那 | 双雪 | 白小 | 脚∧ | 曾经 | 走过 | 柳园。　　　2221 222

她教 | 我从 | 容恋 | 爱，∧ | 如枝头 | 生长 | 绿叶，　　　2221 322

可我，| 年少 | 又无 | 知，∧ | 不愿 | 听她 | 劝诫。　　　2221 222

在一 | 片河 | 滩野 | 地，∧ | 爱人 | 和我 | 停留；　　　2221 222

她把 | 那雪 | 白小 | 手∧ | 搭在 | 我的 | 肩头。　　　2221 222

她教 | 我从 | 容生 | 活，∧ | 如堰上 | 生长 | 青草，　　　2221 322

可我 | 年少 | 又无 | 知，∧ | 如今 | 悔泪 | 滔滔。　　　2221 222

对比之下可知，各行字（音节）数、顿（音步）数、顿式，乃至行中停顿的
位置都与原诗一一对应，丝毫不差，完全合乎我提出的"音节数、顿数均齐

兼顾顿式有序"式译法标准的要求，因此也完全可以配合原诗曲调[1]唱诵。需要注意的是，所谓"均齐"不等于"相等"，更重要的是相应行之间顿式的呼应，而非各行之间音节数或顿数的相同。仅从视觉上看来，在上引梵语诗的曲谱和下面的曲谱中，就连变化多端的音符的排列也是遵循着对位呼应的规律的。

1=C4/4

从以上举例分析可知，做到音节数、顿数均齐兼顾顿式有序，甚至与原

---

1 此诗是叶慈于 1888 年根据一位老农妇经常自哼自唱、记不完全的一首爱尔兰民歌的三句歌词重写的，原歌曲调无传。20 世纪上半叶先后有数位作曲家分别为此诗配曲或谱曲。此处所引曲谱来自"歌谱简谱网"（http://www.jianpu.cn/pu/13/133640.htm），曲作者不明，神仙姐姐记谱，略有改动。

诗格式完全相同，都不是不可能的。在此，我还额外引进了一个文本之外的
标准，即译诗可否配合原诗的曲调唱诵。毫无疑问，译诗与原诗格式完全相同，
就必然可以配合原诗的曲调唱诵。那么，反过来，译诗可以配合原诗的曲调
唱诵，其格式就一定与原诗格式完全相同吗？我们知道，格律单位不一定与
语义单位重合，音乐节拍也不一定与格律单位重合。音乐的节拍比诗的格律
更灵活、更有弹性：在节拍固定的情况下，可以适当加减音符，略同于英语
中的"弹起的节奏"（sprung rhythm）。元曲与宋词一样，原来都是配曲的
歌词；不同的是，前者的文本有些保留了口头唱诵时因调整节拍而添加的无
意义的衬字。同样，传统京剧及其他地方戏剧唱词中也有类似的衬字。在汉
语中，一般一个字就相当于一个音节。这说明，音节数的不等，并不一定影
响音步（顿）数的相等。关键似仍在于所加衬字的位置，也就是说，应该在
相应位置形成呼应。再者，如前所述，由于语言的差异，汉语的语义单位与
格律单位往往重合而拼音文字则否，亦步亦趋地模拟原诗格律不一定能做到
音义熨贴，恰到好处，也许反而会以音害义，所以有时也不妨通过加减音节
来微调，但基本原则是不伤害顿式的有序和呼应。例如：

经过那|柳园|而下，|∧|（我）爱人|和我|相见；	322 322
她那双|雪白|小脚|∧|曾经|走过|柳园。	322 222
她教我|从容|恋爱，|∧|如枝头|生长|绿叶，	322 322
可（是）我，|年少|又无知，|∧|不愿|听她|劝诫。	323 222
在一片|河滩|野地，|∧|（我）爱人|和我|停留；	322 322
她把那|雪白|小手|∧|搭在|我的|肩头。	322 222
她教我|从容|生活，|∧|如堰上|生长|青草，	322 322
可（是）我|年少|又无知，|∧|如今|悔泪|滔滔。	323 222

第一、五行第四顿多了一个音节，由二音顿格变为三音顿格；第四、八行第
一顿也一样。这样一来，有关各行都分别多了一个音节，顿式相应有变，但
全诗顿数和行中停顿位置不变，顿式的有序性也未受影响，所以仍然可以配

合原诗的曲调和谐地唱诵，节奏基本上没有什么变化。不仅如此，朗诵起来语义和语感也似较前译更自然流畅。这既符合意象派诗人所主张的应该按音乐的节奏而不应按节拍器的节奏写诗的原则，又再次证明了我在前一篇文章中所说过的道理："真正应模拟而且可比拟的东西是什么呢？我认为，不是不同语言各自外在的特点，而是内在共有的规律性的东西。模拟应当是平行对应内在的规律（理），而不是机械照搬外在的特点（事）。理可相通，事有不同。可比拟的内在共有的规律性的东西是什么呢？即格律诗每行是整齐的（音节数相同），最小节奏单位（音步或顿）的安排是有规律性的。至于说具体每行多少个字或音节，那只是外在的特点，并无关紧要，重要的是要根据译文每行的容量来加减。"（傅浩，2011）其实，古人也许早就懂得这一道理。从上面所引昙无谶的译诗看来，谁又能肯定，所谓"民族化"译法不正是一种更严格更合理的模拟译法呢？而反过来，我所提出的模拟理论和译法或许也可以被视为在现代汉语语境中通过模拟而民族化，为现代汉语诗的格律建设提供借鉴的一种努力方向吧。至于在实践中，运用之妙，存乎一心，各人喜欢用哪种译法，这关乎功力，更关乎趣味，则勉强不得。

参考文献

[1] Mair, Victor H. & Mei, Tsu-lin, *"The Sanskrit Origins of Recent Style Prosody"* [J], *Harvard Journal of Asiatic Studies*, Vol. 51, No. 2 (Dec., 1991), 375–470.

[2] W. B. Yeats, *The Poems* [M]. ed. Daniel Albright. London: J. M. Dent, 1990; rpt., 2003.

[3] 傅浩，怎样译诗：兼评《英诗汉译学》[J]，东方翻译，Vol.9, No.1, 2011, 60—65。

[3] 黄宝生（编著），梵语文学读本 [M]，北京：中国社会科学出版社，2010。

[4] 马鸣，佛所行赞 [A]，昙无谶（译），中华大藏经 (No.192)[C]，任继愈等（编），北京：中华书局，1997。

[5] 叶慈，威廉·巴特勒，叶慈抒情诗全集 [M]，傅浩（译），北京：中国工人出版社，1994。

[6] 叶慈，威廉·巴特勒，叶慈诗选 [M]，傅浩（译），长春：时代文艺出版社，2012。

（原载《外国文艺》2012 年第 5 期）